让 我 们 一 起 追 寻

德川幕府与御三家

三百年

权术与野心的

御三家与

〔日〕河合敦 著

常晓宏 胡毅美 译

社会科学文献出版社

SOCIAL SCIENCES ACADEMIC PRESS (CHINA)

目　录

文库版前言

德川家康的儿子们中，始于义直的尾张家、始于赖宣的纪伊家，还有始于赖房的水户家，这三大门第合称为德川御三家。

言及德川御三家的地位，一般认为他们的存在就像辅佐将军家的行星一样，总是围绕在将军家周围旋转。当将军家陷入后继无人的危机时，御三家就会为德川家补上新的将军。

但是，这种认识谬之又谬。

的确，德川幕府历史上有数任将军是由御三家补充的。然而，御三家并非为了辅佐将军家而有意识设立的。关原之战后出生的德川家康的儿子们中，偶然幸存到后世的门第才成了德川御三家。

进而言之，关于御三家是辅佐将军家的门第的认识是不正确的。

德川幕府与御三家

御三家的首任藩主们绝不仅仅是顺从于将军家之辈，不对，岂止如此，尾张首任藩主义直对第三代将军家光的傲慢无礼感到十分愤怒，曾一度计划谋反。

还有，将军家光死后年幼的家纲继任第四代将军时，纪伊首任藩主赖宣在幕后操控兵法家由比正雪，企图秘密推翻幕府的嫌疑最大。

从这种意义上来看，可以说御三家岂止是在辅佐将军家，而是一股拥有暗中颠覆德川家能量的强大势力。

江户幕府的统治趋于稳定后，德川御三家仍然常常给江户幕府带来持久的巨大影响。御三家和将军家，以及御三家之间围绕着权力展开了激烈的明争暗斗。而且，这种斗争并非只发生了一两起。

但是，由于这些事实都没有留下记录，所以迄今为止并不为公众所知。笔者在本书中采用了独特新颖的手法，准备把德川御三家那不为人知的野心公之于世。

另外，德川御三家中有很多个性鲜明、特立独行的人物，比如水户黄门的第二代藩主光圀，出身于纪伊藩的幕府第八代将军吉宗，作为吉宗的竞争对手、彻底反对享保改革的尾张藩藩主宗春，还有秉持尊皇攘夷思想、致力于水户藩政治改革的藩主齐昭，以及齐昭的儿子、后来成为幕府第十五代将军的一桥庆喜，等等。

关于这些历史人物，本书也打算充分展示其人格魅力。

通过阅读本书，不知各位读者对德川御三家的认识是否会发生巨大变化，这也是笔者的一点小小期待。

此外，附带说明一下，引文中的（　　　），以及着重号均为笔者所加。

河合敦

2011 年 1 月

序 章

何谓德川御三家

御三家是偶然幸存下来的家世

德川家康在控制日本关东大部分地区、成为非同寻常的大名①之后，并不打算给予自己一族或亲属们以高官厚禄。他更倾向于重重封赏长期追随自己的谱代家臣，希望完全以后者为中心来管理德川家族。

一般认为，家康之所以不大肆扩张自己家族的内部势力，是为了避免在家庭成员之间可能产生的围绕将军继承权的纷争。

---

① 大名是日本古时封建制度对领主的称呼。在德川幕府统治的江户时代，根据与德川氏的亲疏关系，大名可分为亲藩、谱代、外样大名。（本书中脚注，如无特别说明，均为译者注。）

可是，在取得关原之战的胜利，手握霸权，并确保德川政权的成立已是板上钉钉之后，家康却一反常态地急于扩大本族的实力。为了能够使自己的血统延续至千秋万代，家康大肆分封自己的儿子们并赐其厚禄。

例如，次子结城秀康获封越前国福井 67 万石①，四子忠吉获封尾张国清洲 62 万石，五子信吉获封常陆国水户 25 万石，六子忠辉获封下总国佐仓 4 万石，九子义直获封甲斐国 25 万石。

如此这般，在江户幕府成立前后，家康陆陆续续地把他的儿子们提升为极具实力的大名。

但是，上述家康这些儿子的家世并未全部延续到幕府末期。

次子秀康一脉虽然延续至幕末时期，但是由于秀康本人年幼时就做了丰臣秀吉的养子，家康无意让他继承将军之位，而是将其作为亲藩对待。继承将军职位的是在家康身边长大的三子秀忠。之后，由于秀康的继承人忠直品行不端，第二代将军秀忠便褫夺其封地，令其弟继承家业，使其门第中落。

至于忠辉，他从佐仓转封到越后国高田，俸禄增加到 60 万石。然而，忠辉在思想行为上似乎异于常人，最终

①　用于计量谷物收获量的容积单位，1 石 = 10 斗，现代 1 石相当于 180.39 升，或者折合大米约 150 千克。

被家康和第二代将军秀忠没收了领地。

此外还有绝嗣的情况。家康的四子忠吉和五子信吉均在二十多岁早逝，并未留下子嗣，其家世就此断绝。

不过，德川御三家是在家康逝世后才正式诞生的。

忠吉死后，家康便把九子义直从甲斐国转封到尾张国，设立了尾张藩；又在信吉亡故后，把十一子赖房分封到水户，建立了水户藩。不过，虽然十子赖宣在家康生前就是领有骏河国、远江国，俸禄为 50 万石的大名，但他被转封到纪伊国和歌山领有 55 万石的封地，则是在家康死后第二代将军秀忠统治时期的事情了。

一般认为，如此产生的御三家拥有在将军家血统断绝时产生将军的门第资格。正是由于坊间流传着家康最初就有创设御三家来维系血统的意图，人们才会有这样的认识。

然而，实际上此种认识是令人感到非常奇怪的。

还不如说，在家康的儿子们中，有人偶然幸存下来，或者免于受罚，因此得以将继承人之位传给子孙后代，其家族后来在机缘巧合下被称为德川御三家。我觉得，这样去看待御三家应该更为妥当。

"最接近家康的血统"是将军继任的原则

本来德川御三家这一概念就并非产生于家康时代，而是第五代将军纲吉以后的事情了。

而且有趣的是，显而易见，水户家刚开始并不把自己看作御三家之一，这是因为水户家的门第和领地都不能与尾张家、纪伊家相提并论。水户藩的领地只有尾张和纪伊的一半，与能升至大纳言的这两家藩主相比，水户藩藩主最多只能升至中纳言。因此，水户藩的初代藩主赖房明确说道："所谓御三家，是指德川将军家、尾张家和纪伊家。"

并且，在第二代将军秀忠时代，不是御三家，而是御四家。因为秀忠的次子忠长领有骏河国55万石的领地，他不仅能和尾张、纪伊藩藩主一样担任大纳言，而且在幕府中比御三家的地位高。当时，这四大家族被称为"四卿"。

然而，忠长的显赫不过是昙花一现。不久，忠长因胡作非为而受到责罚，被其兄长——第三代将军家光没收了领地。

那么，此后御三家是不是就马上固定下来了呢？事实也并非如此。第三代将军家光有家纲、纲重、纲吉三个儿子，长子家纲虽然继任成为第四代将军，但由于他迟迟没有嗣子，统治甲府的纲重和领有馆林的纲吉成为强有力的将军接班人。也就是说，加上他们两家，出现了御五家。

实际上，由于纲吉出任第五代将军、甲府纲重的嫡子家宣出任第六代将军，可以得知他们两家的实力要远远强于御三家，从而在他们中间更有可能产生将军。但是，这两大家族很快便绝嗣了。因此，德川御三家才最终得以形成。

然而，纵观德川幕府前七代将军的历史，我们可以得知，每逢现任将军绝嗣时，德川御三家中并无一人出任将军。也就是说，所谓将军绝嗣时由御三家中出人来继任将军的法则并不成立。

那么，在将军继承方面是否有明确的原则呢？答案是肯定的，这个原则就是"最接近家康的血统"。

首次从御三家中产生的将军是纪伊家的吉宗，他能被选定为将军多半是由于他更接近家康的血统。

如果按照德川御三家有产生将军的资格这一说法，那么从年龄方面考虑，作为御三家老大尾张家的尾张继友理应被选定为将军。

总之，偶然形成的这三大门第在幕后对德川政权产生了巨大影响，这的确是事实。本章在详述御三家之前，首先要简单介绍一下德川御三家的形成过程及其历史。

并非得益于血统关系的御三家老大——尾张藩

尾张藩成立于庆长十二年（1607），家康的九子义直作为第一代藩主，在江户幕府统治下领有尾张国一带地区。

尾张原本由家康四子忠吉领有，可是同在 1607 年，正值英年的忠吉病逝，年仅二十余岁。之后，义直成为忠吉的继任者。然而，由于义直尚未成年，他受封藩主后便一直在家康居住的骏府生活。其领地犹如幕府的直辖地一般，由地方官员代为管理。

尾张藩也设置了新的家臣集团，在家康四子忠吉旧臣的基础上，美浓、三河、摄津等地区的一部分幕臣归于义直属下。进而，谱代大名成濑正成和竹腰正信二人作为藩属家老统率整个尾张的家臣集团。

此外，幕府极力动员外样大名在名古屋台地构筑了巨大的城郭和城下町，把尾张藩的中心从清洲移到了名古屋。

首任藩主义直正式从骏府移居名古屋，是在元和二年（1616）。

幕府刚开始设立尾张藩是为了牵制大坂的丰臣氏，后来由于该藩位于交通要冲，于是更希望其成为克制日本西部大名的藩属。

最初尾张藩的领地仅限于尾张国一地，后来又扩展到包括美浓、三河、近江的一部分地区以及木曾山地、林地等广大地区。从宽文十一年（1671）进行的土地测量和调查可知，尾张藩的粮食收获量约达 62 万石。另外，由于领地的中心位于肥沃的浓尾平原，新田开发日渐隆盛，再加上木曾山地的巨大收益，尾张藩实力大增，成为御三家中最为富裕的藩属，其国力足以匹敌 100 万石的雄藩。

庆安三年（1650），首任藩主义直亡故，嫡长子光友就任第二代藩主。光友致力于健全整顿藩内制度，他采取了多种措施，比如设置了评定所①和寺社奉行②等机构、官职，发行藩内纸币，完备法制等。其中，他废除了俸禄世袭制，该项措施给尾张藩带来了深远影响。

凡武士出身，父辈给予百石者，其嫡子嫡孙亦须给予百石之俸禄，这就是武士集团的俸禄世袭制。子子孙孙，孙孙子子，武士们的俸禄额总是保持一成不变，由藩主发放。这样做的目的是保持武家社会的稳定，但是该项基本制度被光友废除了。

如果继任者是无能之辈，其俸禄就会被毫不留情地削减，无官无职者和早逝之人的俸禄也会减半。也就是说，藩主仅仅在一念之间就可以决定下属俸禄的增减，藩主的权力由此迅速得到强化。

---

① 江户时代的诉讼裁决机构。

② 江户幕府的职衔，主要职责是管理寺院和神社、神官和僧侣等。

　　第三代藩主由纲诚、第四代藩主由其嫡长子吉通继任。吉通曾一度成为幕府第七代将军的候选人，但英年早逝。其嫡长子五郎太继任藩主后不久天亡，因此自首任藩主义直以来绵延不绝的长子继承制由此中断。于是尾张藩迎来了第六代藩主，那就是吉通的弟弟继友。继友和纪伊吉宗围绕第八代将军之位展开了激烈的争夺，但最后失败了。这是后话，需另择他处详细讨论。

　　出于对吉宗将军的反感，宗春在成为第七代尾张藩藩主后采取了积极的财政政策，与吉宗实行的享保改革针锋相对。但是，其结果是尾张藩的财政破产。宗春遭到藩内重臣们的强烈反对，再加上将军吉宗也很讨厌他，宗春在位8年便被迫隐退，并接受了幽禁的处罚。

　　接替宗春继任第八代藩主的是宗胜。宗胜的父亲友著是第二代藩主光友的末子，也是尾张藩分支川田久保松平家的初创者。接任第九代藩主的是宗胜的嫡长子宗睦。这两任藩主把财政紧缩政策贯彻到底，解决了宗春当政时的财政危机，并重振了尾张藩。特别是宗睦实行了军事改革，恢复了光友废除的武士俸禄世袭制度，得到了藩内武士们的拥戴。

　　然而，可谓一代明君的宗睦却没有直系的继任者，因此来自御三卿一桥家的齐朝成为尾张藩第十代藩主。由于齐朝也没有嫡长子，第十一代藩主齐温和第十二代藩主齐庄都是幕府第十一代将军家齐的亲生儿子。可是齐庄也没有后嗣，这次是来自御三卿田安家的庆臧成了第十三代藩主。就这样，自义直以来的尾张家的血统到了江户时代中期就消失殆尽了。

而且，继承第十三代藩主的庆臧14岁就夭折了，可见，尾张藩藩主和血统真是无缘。

顺便提一下，第十四代藩主庆胜虽然出身于高须松平家，他与首任藩主义直却没有丝毫血缘关系。因为其祖父义和的身份也是养子，义和来自御三家之一的水户家。

幕府末期，社会动荡不安。庆胜作为一桥派（改革派）的中心人物十分活跃，他在"安政大狱"事件中受到处罚，被幽禁起来。然而，庆胜在井伊直弼死后重新掌权，在幕府和朝廷之间斡旋，推动实行公武合体政策。他在第一次征伐长州藩时担任总督，并对长州藩采取了宽大的处罚措施。庆胜后来悉数肃清了尾张藩内支持幕府的派别，他果断脱离了幕府，站在了朝廷这一边。

庆胜后来还担任了明治新政府的要职——议定，就这样，尾张藩作为朝廷的支持者迎来了明治维新。可以说，尾张藩在德川御三家中完成了最为华丽的转身。

德川幕府与御三家

尾张德川家

・10・

诞生第八代将军吉宗的南海之雄——纪伊藩

家康在骏河国这片土地上度过了他作为人质的时代，晚年的家康把将军一职让给秀忠后，他就在该国的骏府设置了据点并继续执掌大权。德川御三家首任藩主的幼年时代都是在骏府度过的。

可是，不久后义直在尾张、赖房在水户被给予领地。家康这样做似乎是不打算让此二人留在自己身边。但是涉及十子赖宣，家康却把自己的大本营骏河分封给他，想一直在身边培养他。赖宣天资聪颖，有大器之才，所以家康对其厚爱有加。可以看出，德川将军家绝嗣时，家康有意让赖宣充当继承人。

赖宣十分了解父亲的心思，因此当兄长将军秀忠命其转移到纪伊国时，他流露出强烈的不满，很快这种愤愤不平就演变为对幕府的谋叛之心。关于这一点，笔者会另择他处详述。

从镰仓、室町时代起，纪伊国的农民就具有极强的独立性，他们经常反抗领主的统治，纪伊国也因此而出名。对于当权者来说，纪伊国就是常说的难治之地。因此，据说元和五年（1619）赖宣刚到纪伊就对治下的民众保持高度警惕，他大兴牢狱，并扩建和歌山城以防范发生暴动。

赖宣好像还喜欢依据法律统治民众，他制定了详细的规章制度，颁布了《官制钦定条例四十二条》（『御家御定目四十二ヵ条』）、《农民共遵教诲令十二条》（『百姓共に申し聞かすべき条々十二ヵ条』）和《城镇法规》（『町方諸法度』），来分别约束家臣、农民和工商业者。

但是，由于赖宣大量使用犯人兴建土木工程，纪伊藩的财政日渐窘迫。到第二代藩主光贞时期，他在江户的府邸遭遇了火灾，再加上将军纲吉两次到访纪伊家所花费用十分庞大，纪伊藩的财政几乎到了崩溃地步。于是，纪伊藩从幕府和大商人那里借下巨款才渡过此次经济危机，但这并未从根本上解决问题。

赖方（吉宗）就任第五代藩主后开始实施彻底的财政改革，他命令家臣集团上交薪水的二十分之一，解雇了80名官吏，并无情地增加了农民和工商业者的税收。同时他还致力于开发新田，终于扭转了纪伊藩入不敷出的财政状况，变为财政黑字。

藩政改革取得的成果在吉宗竞争将军继承人时发挥了重要作用，后来他得到了幕府第八代将军的宝座。

因为吉宗成为将军离开了纪伊家，所以宗直（赖致）就任第六代藩主，其父赖纯是纪伊藩首任藩主赖宣的儿子，也是西条松平家的创始人。此后，第七代藩主宗将、第八代藩主重伦都是宗直的直系血统。但是重伦精神上有点问题，比如他会突然挥刀向家臣或妻子砍去，此外还对相邻大名家的妇女儿童拔枪相向。所以，年纪轻轻的他不到三十好像就因疾病而被迫隐退。因为重伦的儿子尚且年幼，便再度从西条松平家迎来其养子治贞（赖淳），他成了纪伊藩的第九代藩主。

治贞死后就任第十代藩主的是第八代藩主重伦的次子治宝，此时他再次面临财政危机，不得不进行藩政改革。他加强人才培养，在江户设立了明教馆，在松坂设立了松坂乡校，在和歌山设立了医学馆，鼓励藩内家臣努力学习。宽政三年（1791），他规定从 8 岁至 30 岁的家臣都有义务接受学校教育。

治宝强制推行专卖制度，在垄断土特产收益的同时还维持着大米和酒水的高价，为此严格控制这两种商品的流通。甚而，他模仿吉宗曾经的做法，对农民课以重税。这种做法遭到了藩内农民的强烈反对，他们的不满终于爆发了。文政六年（1823）发生了农民暴动，暴动势力日渐壮大，最后竟有 14 万人逼近和歌山城。

惊愕之余，纪伊藩的领导层不得不接受了农民的要求，但也对领导暴动的 33 人处以极刑。由于治宝对暴乱的发生负有不可推卸的责任，他引咎退位。这场大乱虽然好歹平息了，但可以说此时的纪伊藩处于历史上最危险的时刻。

治宝退位之后，将军家齐有两个儿子都担任了纪伊藩的藩主，他们是第十一代藩主齐顺和第十二代藩主齐强，而第十三代藩主由齐顺之子庆福接任。

但是，上述这三任藩主其实都是傀儡，实际掌控纪伊藩大权的是已经隐退的第十代藩主治宝。因此，嘉永五年（1852）治宝故去后，在他领导下行使权力的那些治宝派系的臣子相继下台，取而代之大权在握的是纪伊藩所属家老水野忠央。水野忠央在家定将军继任者的斗争中与幕府大老①井伊直弼合谋排除一桥派，使第十三代藩主庆福（家茂）成功担任第十四代将军，这也是纪伊家再度产生幕府将军。

由于庆福作为将军入主德川本家，所以下任藩主继续从西条松平家迎入，这就是第十四代藩主茂承。茂承统治期间迎来了明治维新，但由于他在第二次征伐长州藩中充当急先锋，并在鸟羽伏见之战中救助了战败的幕府军队，为此茂承遭到了明治政府的怨恨，纪伊藩也陷入生死存亡的地步。

于是茂承去寻求出身于本藩的明治政府高官陆奥宗光

---

① 江户幕府职名，地位高于老中，根据需要设置，是统辖政务的最高官职，定员一名。

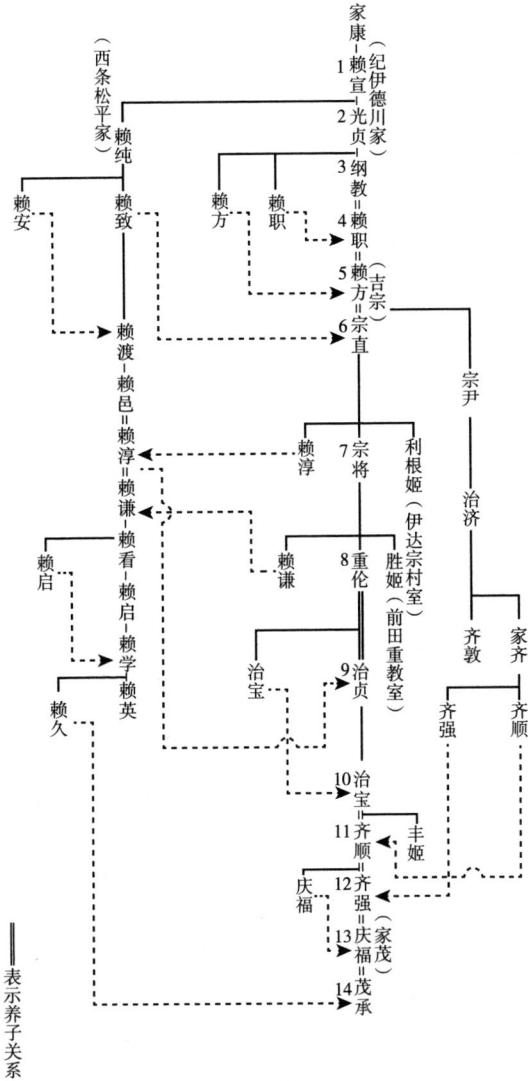

家康—赖宣（纪伊德川家）
1赖宣
2光贞
3纲教＝赖职
（西条松平家）
赖纯
赖致
赖方　赖职
4赖职＝
5赖方＝（吉宗）
6宗直
赖安
赖渡—赖邑＝赖淳＝赖谦—赖看—赖启—赖学赖英
宗尹
治济
赖淳　7宗将　利根姬（伊达宗村室）
齐敦　家齐
赖谦　8重伦　胜姬（前田重教室）
赖启
治宝　9治贞
齐强　齐顺
赖久
10治宝
11齐顺＝丰姬
庆福　12齐强＝庆福＝茂承（家茂）
13庆福＝茂承
14茂承

═表示养子关系

纪伊德川家

的帮助，他答应作为拯救纪伊藩的交换条件起用津田出。顺便提一下，津田出实行了惊世骇俗的军政改革，关于这场改革笔者将在第四章详加说明，但可以说正是纪伊藩的改革促使明治政府下定决心实行废藩置县。

从光圀继承变革基因的水户藩

赖房是家康生的第十一个男孩，也是最后一个男孩，他出生于关原之战结束后家康开创幕府的那一年，所以他懂事时其父已经是一统天下的人物。

赖房3岁时就被给予常陆下妻领地，俸禄10万石。由于家康的第五子信吉病逝，家康就在庆长十四年（1609）把信吉水户的领地赐予赖房，俸禄25万石，此时，赖房年仅7岁。但是，赖房因年幼没有被派往封地，他仍然住在家康所在的骏府。赖房不同于其兄长义直、赖宣，即便是后来他也没有前往水户赴任，而是一直生活在将军所在的江户。

或许这就成了惯例，日后历任水户藩藩主的府邸就固定在江户，从而免除了参勤交代①。不知是真是假，

---

① 江户幕府管理大名的制度之一，1635 年得以制度化。大名需要到江户供职一定时间，原则上一年在地方，一年在幕府。

据说这是家康有意让水户藩藩主作为副将军时刻陪伴在将军身旁，好让他们在政治上起到辅佐作用。赖房在他长达半个世纪的理政期间，仅仅到过他水户藩的领地 11 次。这么一来，他的臣民恐怕对他很难有亲近感吧。

虽然赖重是赖房的长子，第二代藩主之位却由赖房的三子光圀继任。为什么会发生这么奇怪的事情呢？关于其中的内情，笔者还是想在其他地方言明，敬请期待。

光圀在水户藩大刀阔斧地实施了政治改革，关于这一点笔者后续还会介绍，在此忍痛割爱。

对了，光圀为人忠厚耿直，他虽然也有自己的孩子，但还是把他哥哥赖重的儿子纲条放在了第三任藩主的位置上。

纲条时代水户藩实行了全面的土地测量和调查工作，确定了粮食收获量。此次核算比原来增加了 10 万石，达25 万石。

纲条统治后期，第八代将军的继承问题浮上了水面，虽然同为德川御三家，但水户纲条没能成为候选人之一。这是因为他已是花甲之年，藩政改革又归于失败，很明显大家都认为他缺乏政治能力。

纲条为了重振水户藩衰落的财政经济，任用松波勘十郎这个新手实施藩政改革。他实行专卖制度，并加重农民

的年贡，甚至广泛动员农民参加开凿运河的工程，总计
130 万人次。

为此农村深受其害，农民苦不堪言，他们的不满情绪
高涨起来，最后揭竿而起，在水户藩内酿成了大规模暴
动。据说有部分农民还直接跑到纲条的江户府邸越级上
诉，于是纲条只能选择将松波勘十郎撤职，不得不中止了
正在进行的改革。

纲条的嫡长子尚未成年就已过世，因此他从高松松
平家赖重那里迎来了养子宗尧。赖重既是光圀的长兄，
也是纲条的亲生父亲。宗尧就任第四代藩主，之后的第
五代藩主宗翰、第六代藩主治保、第七代藩主治纪、第
八代藩主齐脩都是他的直系后代，这些藩主也都是嫡长
子。与数次断绝血统的尾张家和纪伊家相比，水户家成
功地传承了初代藩主赖房的血统，在这一点上可谓独具
特色。

第三代藩主纲条的改革遭遇了挫折，水户藩的财政日
趋困顿。即便是从幕府得到大批金钱支援，并向藩内富豪
和富农举债，但仍入不敷出。长此以往，家臣们的俸禄也
难以为继，时常缓发或停发。到了第六代藩主治保时期，
家臣们的俸禄已不可能全额支付。安永三年（1774），水
户藩不得不做出了削减家臣俸禄的决定。

第七代藩主治纪苦于财政困境，甚至采取了"半知

借上"的措施，即家臣的俸禄一律减半。

此外，治纪还制定了平民通过捐献金钱就可以拥有武士身份的政策，并付诸实践。实际上他还制作了手册，声称捐赠 700 两就可以换取 50 石、捐赠 1500 两就可以换取 70 石的武士资格。财政上造成的困难最终导致了身份制度瓦解。

第八代藩主齐脩病弱无子，他还没有踏上水户的土地就在 33 岁时去世了。因此，齐脩尚在世时，水户家的家臣们就分成截然对立的两派，围绕继承人的人选展开争夺。

门阀保守派希望把将军家齐的儿子作为养子迎入水户藩，以期得到幕府的大力资助。另一方面，因为齐脩的亲弟弟齐昭素以聪慧而闻名，所以不以出身论英雄的改革派则拥戴他为藩主，计划实行坚决的藩政改革以重振水户藩。

这两派在暗地里展开了激烈的斗争，结果改革派取得了胜利，齐昭就任第九代藩主。齐昭立刻起用改革派的藤田东湖和会泽正志斋，着手进行改革，但由于改革过于激进，齐昭遭到门阀派和寺院势力的反对，最后失去了藩主之位。关于齐昭的改革，笔者会在御三家藩政改革一章论述。

取代齐昭成为第十代藩主的是齐昭的嫡长子庆笃。佩

德川幕府与御三家

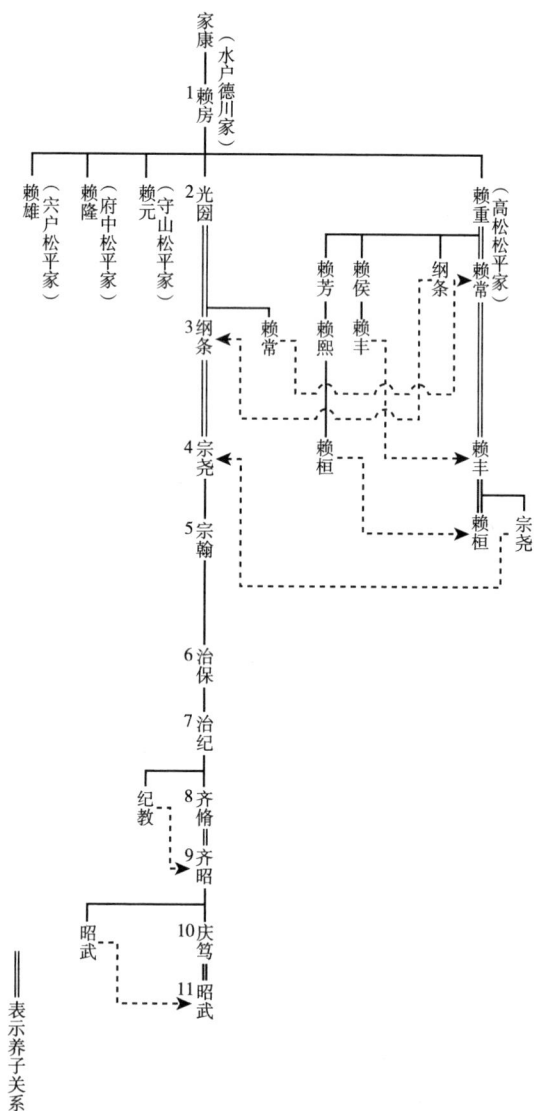

家康
（水户德川家）
1 赖房

2 光圀　　　　　　　　　　　　　　　　　　　赖重（高松松平家）

赖雄（宍户松平家）
赖隆（府中松平家）
赖元（守山松平家）

　　　　　　　　赖芳　赖侯　　　纲条　赖常

3 纲条　赖常

　　　　赖熙　赖丰

4 宗尧　　　　　赖桓　　　　　　　　赖丰

5 宗翰　　　　　　　　　　　　　　　赖桓　宗尧

6 治保

7 治纪

纪教　8 齐脩＝齐昭

昭武　10 庆笃＝11 昭武

＝
表示养子关系

水户德川家

里的舰队来到日本以后，庆笃和恢复职权的父亲齐昭一起
支持尊皇攘夷并参与谋划幕府政治，结果他又和父亲一起
成了安政大狱事件的受害者，遭到幽禁。

　　井伊直弼死后，庆笃受到的责罚虽然得以解除，但
他无法重新掌权。家臣们分裂成数个派别，开始在政治
上你争我夺，最后这场斗争陷入了泥潭。作为尊皇攘夷
运动的魁首，水户藩在幕府末期失去活力，就这样迎来
了明治维新。

　　顺便说一下，庆笃在庆应四年（1868）四月英年病
逝，年仅37岁。水户藩最后一代藩主由其弟弟昭武继承，
直到废藩置县。

第一章

围绕至高权力的激烈斗争
将军家 VS 御三家

◆尾张义直与家光
——名古屋踞城计划始末

义直擅离属地前往江户事件

宽永十一年（1634）六月，第三代将军家光从江户城出发去京都。扈从人员数量竟然多达三十万七千人，其队伍壮观之程度真是令人震惊。

两年前，其父秀忠作为隐退将军（前任将军）逝世，家光终于名副其实地掌握了幕府的大权。此后他着手整饬

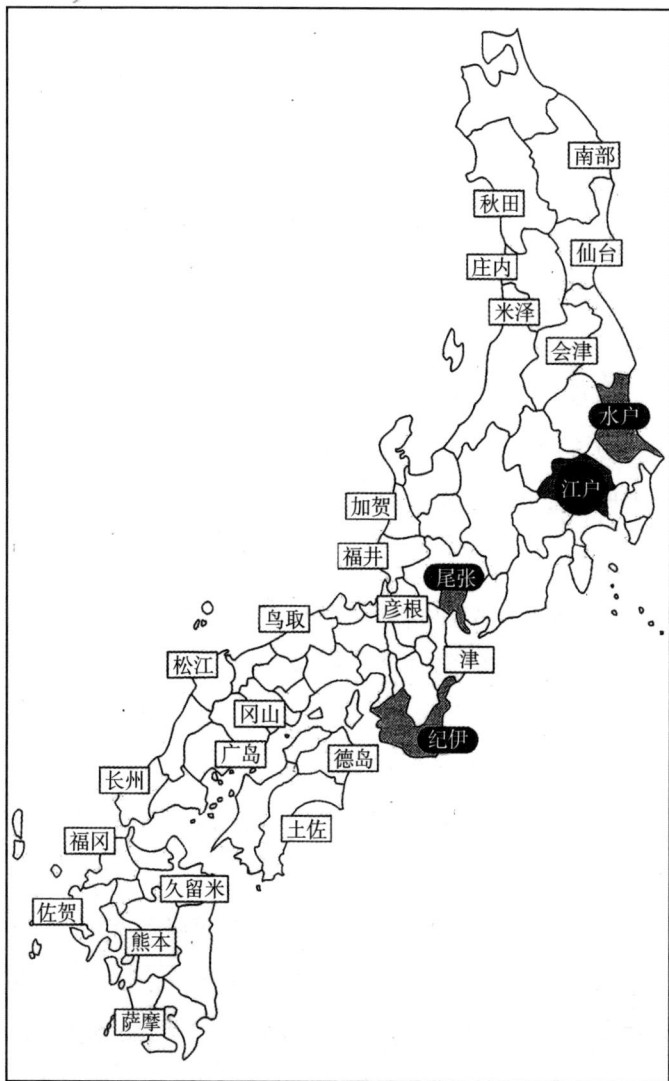

南部

秋田

庄内

仙台

米泽

会津

水户

江户

加贺

福井

尾张

彦根

鸟取

津

松江

冈山

纪伊

长州

广岛

德岛

福冈

土佐

佐贺

久留米

熊本

萨摩

德川御三家和其他雄藩

幕府的各项制度，为确立幕藩体制立下了汗马功劳。由于家光的政权得到了稳固，可以说他这次大张旗鼓去京都就是为了炫耀自己的权力。

家光在京都足足滞留了两个月，他那庞大的武士集团对朝廷起到了很好的威慑作用。同时，家光也采取怀柔政策，他通过增加朝廷的俸禄，到处花钱收买朝廷贵族，从而谋求朝廷和幕府之间保持一种稳定的关系。

八月上旬，家光离开二条城奔赴江户，他本来计划在途中顺访名古屋（尾张藩领地），但是在到达近江国的佐和山城时他突然改变了路线，没有经过名古屋就直接回了江户。

"尾张藩藩主德川义直企图暗杀将军家光！"

据说，因为家光听到了这样的传言。

"当有此事。"

家光心里也在这么想。

实际上，从去年开始家光就和他的叔父义直之间产生了难以调和的矛盾。

那是在宽永十年十一月，当时家光重病缠身，几乎性命不保。这个消息传到名古屋后，义直大吃一惊，他立刻起轿匆匆赶往江户。但是，义直来到距江户100多里的小田原时却得到家光即将痊愈的消息，于是他就放慢脚步进入江户城，并在自己府邸下榻。

但是没过多久，酒井忠胜就奉家光之命闯进义直的府邸，他诘问义直道："为何没有接到命令就擅自来到江户？"

这句话的背后显然表明了将军家光的强烈想法，那就是——"你虽然身为叔父，在德川御三家中拥有老大的地位，但你毕竟是作为将军的我的家臣"。

义直闻听此言，勃然大怒，于是他反驳道："我闻听将军病危。将军膝下尚无嗣子，万一有不测之事发生，该由何人统领天下政治？我是德川一族中最擅长此事之人，所以才会奔赴江户以观国政，别无他意。"

的确，正如义直所言，家光直到 30 岁还没有生育男婴。另外，家光的亲弟弟忠长由于触怒家光，已经被褫夺领地并遭到软禁。

此时如果家光去世，继承将军职位的除了尾张义直以外，再不会有他人。义直虽然是家光的叔父，但他不过比家光年长 4 岁。

不管如何，义直这次的主张都很符合道理，因此家光无话可说。但是从此以后，家光的内心深处似乎就一直对义直保持着警惕之心，他认为义直是个"野心家"。所以，家光这次造访名古屋之行，可能考虑到以防万一，就突然取消了吧。

当义直得知将军中止来访是因为怀疑自己时，他顿时怒不可遏。为了欢迎家光来访，尾张藩在吃住等方面倾尽全力做了精心准备，但是大家付出的努力完全被将军辜负了。

踞城与幕府一战

纪伊藩藩主赖宣（义直同父异母的兄弟）从江户返回自己的领地，他造访了名古屋。在他面前，义直发泄了他对将军家光的愤懑："我简直是颜面全无！反正他总是怀疑我，既然如此，我索性就踞守在名古屋城，与幕府军队大战一场，我已下定必死的决心！"

一般认为，义直脑海中突然冒出谋反的念头，绝非一时冲动，也并不只是因为他擅自前往江户而遭到责难。

义直精通各种学问，阅读古代典籍培养了他尊重皇权的思想。例如他编著了许多书，其中有一册叫作《军事合鉴》（『軍事合鑑』）。该书卷末有这样一句话，奥妙难测："依王命行事。"

所谓"王命"，毋庸置疑就是指天皇的命令。本来，日本这个国家是应该按照天皇意志行事的。一般而言，人们就是这样理解上述那句话的。

所谓德川政权是这样产生的：德川家族的一家之长由天皇任命为征夷大将军来行使全部政治权力。但该政权实际上是德川家康通过武力统一日本建立的军事政权。

这样一种状态并不符合道理。学问上造诣很深的义直早就意识到了这一点。

当然，日本政治上的"常态"应该是天皇亲自执政，义直的思想如果这样发展下去的话，就会否定幕府的统治。当然，义直作为德川家族的一员是不会正面否定德川政权的。如果他这样做，事态就会发展到不可收拾的地步。

但是，如果义直奉行尊崇天皇的原则，那么在他内心深处极有可能认为幕府的存在并不符合正道。所以，对于家光这次在京都以军威震慑朝廷的做法，义直应该会产生极度厌恶之情。是真是假已无从考究，但在义直决意谋反的过程中，不免会令人想到这和他信奉的尊皇思想有很大关系。

如果举出义直决心谋反的另外一个理由，那就是第二代将军秀忠的遗言。

秀忠临终之际，他对守候在枕边的德川御三家的各位当家人（弟弟们）说道："希望你们好好辅佐将军家，但是如果家光做出了将军不该做的事情，你们就可取而代之掌管国政。"

秀忠的托付之言也可以这样解释：一旦有变，你们可以推翻家光，夺取幕府的实权。事实上，义直会不会就是这么想的呢？

　　义直的想法极有可能就是这样的：从迄今为止的言行来看，家光不适合担任将军，要是这样的话那我就……

　　此外，还发生了德川忠长事件。

　　如前所述，家光的弟弟忠长曾被认作下一代将军的合适人选，可是家光不但没收了忠长的领地，还把他软禁起来。前一年冬天，家光下令让忠长自杀了。忠长被罢黜之前，全国各地流言四起，说忠长企图谋反。也就是说，现在义直的处境和曾经的忠长一模一样。

　　所以义直自然会感到惶惶不可终日，他认为家光一定也想消灭自己，与其坐以待毙，还不如先下手为强！

　　就这样，各种各样的事情凑到一起，义直终于下定了谋反的决心。无论如何，可以确定这不是他一时意气用事造成的结果。

赖宣支持谋反的宣言

　　另一方面，得知义直真实想法的纪伊赖宣竭力劝告他不要鲁莽行事。赖宣说："父亲家康大人遗言中说德川御三家要始终辅佐将军家，企图谋反于理不通。今年正值你们尾张藩藩主去江户复命之年，你应该克制自己的怒气，若无其事地赴江户拜谒将军家光。"

　　虽经赖宣再三劝说，但义直丝毫不想改变他原来的主意。

赖宣沉默良久，缓缓说道："毕竟，你的战术很成问题。"

义直吃了一惊，他看着赖宣。赖宣继续说道："踞城之策愚不可及。和整个国家开战，尾张一地可不是对手。如果你真想打一仗的话，那就趁将军从京都回江户经过尾张时，从背后突然袭击。"

赖宣一口气说完这些后，又压低声音道："义直大人你果真想要出兵的话，我就率领大军借水路从伊势扑向吉田，只要我们齐心协力，就一定能取下将军的首级。"

听到赖宣如此耳语，义直不禁暗自吃惊，原来赖宣并非善良之辈。瞬间，义直的亢奋突然消失得无影无踪，他说道："不能因为我的急躁，就把你们纪伊家也卷进来!"义直忽然撤回了他的谋反计划。

后来，义直去江户复命，他拜谒了将军家光。家光说："我听流言说尾张大人你将会推迟来江户的日子，但是你能按期到来真是太好了。如果你真的拖延复命时间，我会即刻去你的属地迎候。"

不用说，将军极其讨厌义直，他这番话里充满了恫吓，如果胆敢忤逆将军，那么他就会包围并攻陷名古屋城。

就这样，表面上来看义直和家光的关系又缓和了下来，但实际上他们此后时常在暗地里展开激烈交锋。

比如，山王神社初次参拜事件就是其中一例。

宽永十九年（1642）二月，将军家光的嫡长子家纲第一次去山王神社参拜，家光发出命令让御三家随行护送。首席老中①松平信纲前来向尾张藩传达此意，但义直断然拒绝道："我身为大纳言，幼童家纲却无官无职，我为何要做他的扈从？我拒绝！"

松平信纲没想到义直竟然会拒绝，慌乱之下他急不择言道："家纲公子虽然无官无职，但他是将军大人的嫡长子呀。"

义直微微一笑，他反驳道："你要是这么说的话，我还是神君②家康大人的儿子呢。"

松平信纲十分为难，他苦苦恳求说："这都是为了德川将军一家，请您屈尊随行。"

义直回应道："如果说是为了德川将军家族，那就更不能随行了。强行做这样没有先例的事情，反而不是为了德川将军家族好。你意下如何？"

义直的反驳条分缕析，无懈可击，于是松平信纲垂头丧气地回去了。

最后，关于山王神社初次参拜这件事达成了如下妥

---

① 江户幕府的职务中具有最高地位、资格的执政官，直属将军，定员四五人，在江户城内的办公署里统辖幕府日常政务。

② 德川家康逝世后的尊称，此外还有"东照神君"的说法。

协，即德川御三家先行一步到山王神社，然后他们在神社前迎接随后到来的家纲。

庆安三年（1650）五月，义直逝世，时年 51 岁，一年之后家光故去。

义直临终之际尾张藩邸流言四起，说是将军家光要来探视。义直心中大喜，他备好官服放在枕边，等着一旦家光莅临，他就会忍受一切病痛，穿上官服对家光行拜谒之礼。

但是直到义直去世，家光也始终没有现身。

他也未免太冷酷无情了，据说义直的弟弟纪伊赖宣暗地里这样埋怨冷酷的家光。一直到死，义直和家光之间的争斗好像也没有缓和。

◆由比正雪之乱
——幕后人纪伊赖宣

充斥街头巷尾的浪人

庆安四年（1651）四月二十日，伟大的将军德川家光辞世，年仅 48 岁。他在位期间，完善了幕府的各项制度并巩固了幕藩体制。

代之继任将军职位的是家光的嫡长子家纲，他那时还是一个 11 岁的孩子。江户开幕以来的历史表明，继任将军的年龄都很年轻。

从某种意义上而言，这会给政权带来危机，丰臣秀赖就是一个很好的例子。尊奉幼主的政权都很脆弱，经常有被颠覆的危险。但是，所幸的是阁僚中有保科正之、松平信纲、酒井忠胜等人，他们都很有才干。有这些名臣良相统领幕政、维护大局，江户幕府的统治进入了一个愈加稳定的时期。

但是在幕府统治初期，总有一些不安定的动向存在，想要推翻幕府。比如其中最为显著的就是由比正雪之乱。

家康、秀忠、家光这三代将军为了强化德川政权，一个个清除了妨碍他们的大名，结果造成街头巷尾到处都是失去主公的浪人，其数量急剧膨胀，在全国竟超过了 50 万人。

从事耕作的浪人为数甚少，大部分浪人一下子都拥入了江户、大坂等大城市，他们抱着破罐子破摔的想法，其行为举止大大扰乱了城市治安。特别是那些对德川氏抱有怨恨的浪人，其不满之情与日俱增，说不准什么时候他们就会发展成为暴徒，正好在这个时候家光去世了。

这难道不是颠覆幕府的一个绝佳机会吗？只要把这些浪人的力量聚集在一起，就能轻而易举地成大事了。一个男子心中窃喜，他就是兵法家由比正雪。

由比正雪的前半生充满了谜团，并不为人所知。也不知他什么时候来到江户定居，总之他巧舌如簧，给人们讲授兵法，很受欢迎。据说他门下有弟子四千，其中不乏旗本①级别的武士和大名的重臣。

但是他并非像评书或电视剧所讲述或展现的那样，相貌堂堂，孔武有力。通缉令上有他的画像，是这样形容的：

身材低矮，额头窄小，皮肤暂白，眼睛溜圆，发长唇厚。

如果想象一下由比正雪的容貌，感觉他就像一个孩童。

然而，那时由比正雪已经四十过半，在那个时代可谓刚步入老年，其容貌与年龄极不相符，令人感到不可思议。他奇异的相貌给弟子们留下了谜一样的印象，或许愈加令人觉得其具有超凡的魅力。

由比正雪谋划的颠覆幕府的方案，可谓极其大胆，无所畏惧。

---

① 江户时代直属将军的家臣中，俸禄在 1 万石以下、有资格直接觐见将军的家臣。与无资格直接觐见将军的御家人统称直参。

大胆无畏的推翻幕府计划

推翻幕府的计划如下。

首先，让掌管幕府火药库的官吏河原十郎兵卫在火药库放火，从而引爆火药库，然后以此为信号，在江户城内到处放火。幕府阁僚们知道有大事发生，在他们齐聚江户城后就使用弓箭和枪炮伏击他们，把他们全部杀死。之后趁乱进入江户城，绑架将军家纲并囚禁其于骏府城。

接着，由比正雪在骏府城呼吁全国的浪人们一起兴兵，同时事先与由比正雪合谋好的 1500 名浪人在大坂、京都起事，继而挑动全国发生动乱以推翻幕府。这就是由比正雪倒幕的一系列步骤。

虽说由比正雪的计划有点粗枝大叶，但他的确很有胆识，如果该计划能够付诸实施，不可否认幕府会蒙受十分惨重的损失。

可是准备计划付诸实施的过程未免过于简略、草率，不但有人走漏了风声，而且就在决定实行计划前还出现了好几个向幕府告密的叛徒。结果，叛乱的所有计划暴露了，幕府在抓获江户的领头人丸桥忠弥后还陆续逮捕了许多叛乱的参与人。

此时由比正雪正赶往叛乱的据点骏府，他和十余名同人从江户出发，他做梦都不会想到丸桥忠弥等人已经被捕。

到达骏府后，由比正雪住在了茶町的梅屋。这是七月二十五日夜间的事情。

就在这一天，幕府方面已经探查出由比正雪的所在地，悄悄地包围了他。但是，幕府的士兵们没有马上向由比正雪等人发动袭击，因为上级严令他们一定要抓活的。在这道命令背后其实隐藏着一个惊天秘密，幕府的阁僚们心存疑虑，他们在想：在背后操控这次叛乱的怕是纪伊藩初代藩主赖宣吧？赖宣借叛乱之机会不会想要夺取天下啊？

他们已经搜集到几个间接的证据，比如赖宣和由比正雪在 20 年前相识，而且赖宣时而邀请由比正雪去他的府邸讲授兵法。不仅如此，根据就擒的丸桥忠弥等人的证言，可以确信浪人们在进入计划绑架家纲的江户城时，会伪称他们来自纪伊藩。

而且，由比正雪住宿的梅屋也是纪伊藩来客经常投宿的旅馆，其实他们也是自称为赖宣公的家臣才在那里住下的。

被幕府怀疑的南龙公

关于赖宣此人笔者想说两句。

赖宣幼时便胆识过人，他的一言一行都令人感到畏惧，据说就连加藤清正和本多忠胜这些身经百战的猛士也对赖宣赞叹不已：

> 有凌云盖世之气度，日后必定掀起万丈波涛，不可限量。（『名将言行録』）

赖宣的存在就像日本南部海域中栖息的蛟龙一般，因此他得名"南龙公"。

在家康的儿子们之中，他最喜欢的就是赖宣，于是家康就把赖宣留在身边亲自抚养，还在晚年把自己定居的包括骏府等骏河国的领地都赐给了赖宣。

但是家康死后，赖宣在骏河国的领地被其兄长将军秀忠夺去，他被强行转封到了纪伊。秀忠则把骏河赐给了他最疼爱的次子忠长。也就是说依照惯例，骏府这个地方往往是由将军最宠爱的儿子——将军继任者的强有力候选人来掌管。

转封到纪伊的赖宣陆续新招了许多有才干的浪人，并且他敢于把其中特别优秀的人才提拔为奉行①。听闻赖宣在纪伊国重用人才的消息后，浪人们纷至沓来。于是，据传身为幕府阁僚的久世广宣等人说道："赖宣公要把全天下的浪人都召集到他的领地，一定有什么大的谋划，我们绝不能放松对他的警惕。"

那么，久世广宣所说的这种谋划到底指的是什么呢？

或许，他指的是赖宣对幕府的谋反之心吧。

也就是说，幕府是以这样一种目光来看待赖宣的，所以关于由比正雪把赖宣曾经领有的骏府选定为他们的基地，幕府的老中们就起了疑心："由比正雪邀请赖宣到以前的领地骏府，难道不是打算奉承赖宣吗？"

无论如何也要活捉由比正雪，然后对他严刑拷打，必须让他供出与赖宣的密谋。所以幕府下了死命令要生擒由比正雪，但是最后他们的计划落空了。

由比正雪持有的盖着赖宣印章的文书

幕府的官吏们十分客气，他们再三恳求住在旅馆的由比正雪等人："我们接到江户官员的命令，说是有一名负伤的通缉犯逃到了此地，所以必须查验住宿客人的身份。

---

① 日本武士执政时代的官名。

请允许我们查看一下所有客人的身上是否有伤。十分抱歉，能否请你们去一趟奉行所？"

此时，机智的由比正雪似乎已经知道他们的谋反计划暴露了，估计他预先也考虑到这一点了吧。于是，由比正雪就在自己的房间里自尽了。

由于房间内异常安静，最后捕快们闯了进去，但是由比正雪等人已陈尸屋内。他身边放着一封已经写好的遗书。

> 我绝无讨伐幕府之意，除掉大老酒井忠胜才是我的目标。他负有不可推卸的政治责任，正是他才使天下陷入困苦。

话虽如此，但问题出在遗书的最后部分。

> 我之所以利用了纪伊赖宣公的名义，是因为我觉得只要说出他的名号就能云集众人。实际上我从赖宣公那里没有得到任何支持，这绝非虚言。

为何偏偏要在遗书中否认和赖宣公的关系呢？有这个必要吗？留下这样的遗言，反而更令人怀疑他们是在串通一气……

其实由比正雪这样做也是无奈之举，因为他身上带着好几封盖着赖宣公印章（花押）的文书。当时，他陷入了捕快们的包围圈，实在难于处理或者隐藏这些东西。

在由比正雪的遗物中发现了盖有赖宣印章的文书，这给幕府的阁僚们带来了深深的不安。

江户城内赖宣公谋反的谣言不胫而走，公然流传。

为了确认此事真假，幕府命令赖宣即刻来江户城觐见。当赖宣出现时，堂上端坐着井伊直孝、酒井忠胜、松平信纲、阿部忠秋等幕府阁僚。

室内弥漫着极为凝重的空气，但是看不出赖宣有丝毫畏惧。幕府阁僚要求赖宣就由比正雪之乱做出详细说明，然后阿部忠秋把那些文书摆在了赖宣面前，他说："南龙公，你看看这是什么？"

由于过度紧张，四周的人们都强作镇定，大家一齐凝视着赖宣。而在隔壁已经埋伏好数十名身强力壮的士兵，只要赖宣的回答稍有差池，他们就会即刻冲出来把赖宣捆绑起来。此时正可谓千钧一发。

装傻充愣的赖宣

赖宣瞥了一眼那些文书，微微笑了一下，说道："真是可喜可贺，可喜可贺，这样就再也不用担心了。"

看到赖宣的笑容，众人大吃一惊，他们都被赖宣的气势镇住了。可以说，这时主导权已经完全掌控在赖宣手中。赖宣朗声笑道："如果这些伪造的东西属于外样大名，那么我怀疑那些人就很有可能忘恩负义，做出背叛德川将军的事情。可是假如这些伪造的东西属于作为德川一族的我，那么就根本不用担心，德川氏的天下可谓安然无恙也。"

阿部忠秋在充满自信的赖宣面前无所适从，但他还是声嘶力竭地继续追问道："可是……你说这些东西是伪造的，证据何在？"

"就是伪造的！"赖宣十分肯定地说，"真的花押是蓝色的，这个是黑色的，不是吗？你们可以去查查看。"

经过调查，幕府保管的赖宣的书信的确如赖宣所言。

阁僚中又有人发问："即便如此，但这些文书制作如此精巧，究竟是谁伪造的呢？"

对于幕府阁僚的质疑，赖宣立即回答道："是家臣牧野长虎。"面对目瞪口呆的阁僚们，赖宣面无惧色地补充道："这个叫作牧野长虎的人和由比正雪沆瀣一气，伪造了印信，我已经把他逮捕并关押起来。"

突然，赖宣拉下脸来，他压低声音恐吓众人说："如果这样你们还是怀疑我的话，我现在就把纪伊一国交还给幕府。"

赖宣退出后，幕府的阁僚们面面相觑，酒井忠胜问井伊直孝："赖宣公刚才的表现和那些话，你是怎么想的？"

井伊直孝苦笑着说："看刚才那个样子，怪不得南龙公令人感到畏惧啊！"

最后，这件事就变成了一团迷雾，但幕府的阁僚们从此对赖宣的行动一直保持着警惕，他们借将军家纲需要赖宣辅佐之名，不准赖宣回到封地，时间长达 9 年。

赖宣企图谋反吗？

话说回来，赖宣和由比正雪的心思一模一样，实际上都想要推翻幕府吗？

就笔者个人想法而言，其中既有"否"，也有"是"。

正是由于赖宣作为后盾，由比正雪等浪人才会揭竿而起。一旦失败，不仅仅是自己，就连整个家族都会被诛杀。所以，不难想象，如果没有一点胜算的话，像由比正雪那样知名的兵法家是不会轻易冒险、孤注一掷的。

说不定是赖宣主动向由比正雪提出谋反之事的。当然，即便是赖宣，他也不会认为谋反就能轻易成功，他想要夺取天下的意愿也没有那么强烈。但是，赖宣内心深处肯定期待能给予幕府阁僚某种打击的。

总之，对于将军家光以及他身边的那些幕府阁僚，赖宣心中大为不满。在将军秀忠执政时期，御三家很受尊重，他们也经常参与谋划幕府政治。可是家光当上将军后，他不但把御三家当作自己的臣下，而且就像对待外样大名一样,让他们远离了幕府政治。赖宣是家康最疼爱的孩子,他往往以德川将军家族的守护神自居,所以对赖宣而言,家光的那些做派是难以忍受的。

赖宣心想:那帮让我受到冷遇的家伙,我要狠狠揍你们一顿!出于这个目的,赖宣很有可能诱导由比正雪等人走上造反的道路。

那么,赖宣的心愿会不会只是让谋反停留在萌芽状态就无果而终呢?非也。

正如赖宣所预想的那样,幕阁在由比正雪事件中遭到了极大冲击,朝纲震动非同小可。

以此为契机,幕阁放弃了凭借武力解决问题的做法,开始向文治政治转变。也就是说,他们不再通过武力来控制人们,而是运用道德手段来教育人、引导人。这种大政方针的转变,给那个随意罢黜大名而产生大量浪人的做法画上了句号。

◆水户光圀之怒
——遭到痛骂的纲吉和生灵怜悯令

可悲的人生目标

水户藩的首任藩主德川赖房是家康最小的儿子(第

十一子），他的同胞兄长是纪伊藩的首任藩主赖宣。赖房此人从小就有大器之才，所以家康似乎在心里对他有所提防。

据说有这样一件事。

一天，家康问赖房有没有什么想要的东西，赖房的回答令人感到十分震惊，他毫不犹豫地说道："我想要天下！"

而且，家康带着儿子义直（尾张藩首任藩主）、赖宣和赖房去庭园散步时，不知是谁碰到了一个很大的蜂巢。结果，一群蜜蜂从那个蜂巢里飞了出来，开始袭击家康等人。义直和赖宣大吃一惊四散奔逃，赖房虽然只有 10 岁，但他泰然自若，不为所动。他捏死了飞在脸上的蜜蜂，若无其事地随手扔掉。

家康在生前留下了这样一句话："善用之则为将军家股肱之臣，若疏忽大意，信马由缰，赖房此人则相当危险。"从此以后，将军家那边总是以警惕的眼睛监视着赖房。这对于赖房本人来说，可是一种忧心忡忡的事态。

家康的第六子忠辉也总是被家康提防，结果家康死后，忠辉受到了异常严厉的处罚，他的领地被褫夺，本人也遭到了流放。因此，赖房一生的追求目标就是要想方设法消除将军家对自己的怀疑，想来真是可悲。

赖房长大成人后尊奉将军秀忠和家光为主公，一生尽忠。在御三家之中，他的这种顺从，和尾张义直、纪伊赖宣对幕府桀骜不驯的态度，形成了鲜明对比。赖房还正式公开宣布："水户家不会成为产生将军的门第，御三家指的是德川将军家、尾张家和纪州家。"他本人主动放弃了承袭将军的权利。

这种不懈的努力实在感人，结果就连将军家光也对赖房如是说道："比起尾州（尾张义直）、纪州（纪伊赖宣），还是你更让我感到安心和亲密。"（『義公遺事』）

为何让光圀继承衣钵？

赖房对将军家的忠诚在选定水户家继承人这件事上体现得尤为明显。

众所周知，赖房的继承人是光圀。但是，光圀有一个比他年长 6 岁的兄长赖重。

赖重的品行并没有什么问题，然而置赖重而不顾，让三子光圀（次子夭折）作为继任者，人们认为肯定有什么深层次的原因。

赖房多子多福，他一生光是男孩就生了 11 个。与他相比，有强烈同性恋倾向的将军家光直到 38 岁才生养了继承人家纲。

长子赖重出生在赖房 20 岁的时候，不用说家光了，德川御三家的尾张义直和纪伊赖宣都还没有生下男孩。

　　万一将军家光有个三长两短，毫无疑问，赖房的长子赖重就会成为家光的临终养子（临终之际突然成为养子），极有可能就任将军一职。

　　但是，在赖重继任将军之前，恐怕幕阁和御三家之间会产生各种各样的意见，一定会发生一场纠纷。赖房一直想要明哲保身，为此他甚而不惜成为将军家豢养的鹰犬，所以对于赖房而言，他并不希望赖重继任将军的事态发生。因此，当赖房得知侧室久子怀上赖重时，他冷酷地命令道："堕掉吧！"

　　然而，周围的人们没有遵从这道命令，他们决定在家臣的府邸秘密抚养这个孩子。也许赖房默认了此事，但是直到去世他也没有承认赖重是自己的儿子。

　　久子怀上光圀时赖房也下令让她终止妊娠，也许在将军家光诞下男孩之前，赖房都会不断下达同样的指令。而且，赖房对将军家的忠诚还表现在册立夫人的问题上。虽然他艳福不浅，有许多侧室，但是他终生未设立正室，自己也没有选定世子。

　　水户家第二任藩主的决定权委托给了将军家光，家光命幕府派去的水户藩的家老中山信吉选定世子，据传是依照中山信吉的推荐才决定光圀为水户藩藩主的继承人。赖房这个人就是这么实诚，以至于愚不可及。

第五代将军是皇室将军？

但是，这样就任第二代藩主的水户光圀与他父亲大相径庭。颇具讽刺意味的是，他在德川将军家面前表现了自己的大胆和无畏。

光圀在藩内广施仁政，修建了十分完善的水利设施。他推广良药的制作方法，作为一代明君闻名于世，在幕府中也逐渐拥有了强大的实力。

其中最有名的例子是在决定幕府第五代将军的会议上。

延宝八年（1680）五月八日，将军家纲去世，年仅40岁，遗憾的是他膝下无子。因此幕府的阁僚之间围绕将军的继承人展开了讨论，结果事情的发展趋势却出人意料，即希望有栖川宫幸仁亲王（后西天皇的皇子）继任第五代将军的意见占了上风。

坚决主张这种方案的是大老酒井忠清，他在幕府中拥有至高无上的权力，因其府邸在江户城大手门的下马牌前，所以其绰号叫"下马将军"，是一个威名显赫的大人物。

把皇子放在将军的位置上，即从宫中推戴将军，这是维持政权的一种方法。镰仓时代辅佐将军的执政官北条氏就用过。

因此酒井忠清的意见绝非突发奇想，好像并没有遭到阁僚们太大的抗拒，而且即便将军虚有其表，幕阁也有足够的自信来管理政权。

故去的家纲 11 岁继任第四代将军之位，他长大成人后身体羸弱多病，而且长期沉溺于内宫，几乎从不执掌政治。也就是说，大约有 30 年都是通过幕阁的集体领导来支撑幕府的。正是由于以往的经验，作为幕府的首脑机关，幕阁才会开这样的会议，倾向于拥戴来自皇室的将军吧。

让纲吉就任第五代将军的光圈

但是，幕阁中只有一个人反对这种意见，他是刚就任老中的堀田正俊。他强烈主张道："难道将军大人的弟弟——馆林藩的纲吉公不可以吗？"

家纲的确有弟弟，他们是家光的次子甲府纲重和三子馆林纲吉。纲重两年前不在人世了，但是纲吉还健在。

堀田正俊逼问其他老中说："为何不把纲吉迎上将军之位呢？"

堀田正俊所言合乎道理，但是其他老中对他的意见置之不理。

之所以如此，是因为纲吉此人声名在外，他精通各种学问，学识渊博。如果让纲吉当上将军，他就开始亲政了。这样，阁僚们就会立刻失去自己手中的权力，说不定还有人自身难保呢。

将军绝不能是有能之辈，这是那些拥立家纲后掌握政权的人的共同想法。

就在决定有栖川宫继任第五代将军时，在会议上一直沉默不语的水户光圀开口说话了，他明确表示赞同堀田正俊的意见。

不仅如此，根据民间说法，他还把酒井忠清等人痛骂了一顿，骂他们是"随意摆弄政权的逆贼"。经过激烈辩论，光圀终于让纲吉坐上了第五代将军的位置。光圀在会议上的所为虽然真假难辨，但他大力支持纲吉就任将军的确是事实。

令人失望的纲吉

那么，为什么光圀推荐纲吉呢？或许是因为光圀在纲吉身上看到了自己。

光圀和纲吉都是家里的第三个儿子，甚至在他们二哥去世这一点上也相同。而且，光圀也是好学之士，精通各种学问。因此，光圀能够在纲吉那里感到一种强烈的共鸣。

还有，或许光圀多多少少也有这样的想法：他不允许幕阁蛮不讲理地抛开御三家，从皇族迎来将军。

虽然将军确定由纲吉接任，但推举纲吉做将军成为光圀一生的恨事，纲吉很快就做出了让光圀失望的事情。

决定纲吉成为将军继任者仅仅半年后的延宝八年（1680）十一月，纲吉把仅仅 1 岁半的幼子德松迁到江户城西丸（将军继任者所居之地）居住，公开宣布德松为将军的世子。

对于纲吉的这种做法，光圀是有理由感到失望的。

光圀始终坚信家族继承的顺序应该遵循长幼有序的原则，对于自己越过兄长赖重继承水户家这件事情，虽说源于父亲的意志和将军家光的命令，但他内心还是产生了一种强烈的罪恶感。

因此，父亲赖房死后自己成为藩主时，虽然光圀自己有儿子，但他还是收兄长赖重的儿子纲条为养子，并立其为世子。光圀通过这种方式，是想把家族的继承权返还给哥哥那一脉。

实际上，将军纲吉的亡兄纲重有一个叫纲丰（后来的第六代将军家宣）的男孩，也就是说，纲吉还有一个侄子。

在纲吉身上看到自己影子的光圀毫无疑问是这样想的：纲吉起到的应该是过渡作用，待纲丰成人之际，他应该把将军之位让给纲丰。但是光圀的这种期望被纲吉彻底背叛了，此时他的失望好像变成了愤怒，据传光圀强烈反对德松成为世子的决定。

以此事为契机，纲吉便对光圀敬而远之了。

生灵怜悯令引发的疯狂

德松 5 岁时夭折，而且过了好几年纲吉也没有生育男孩。既然如此，那就应该从速立纲丰为世子，但是纲吉坚持想选择自己的血统，他并不轻易认可纲丰的继承地位，甚至去求神拜佛，希望自己生下男孩。

一个叫隆光的和尚说道："将军大人没有生育男孩，是前世杀生之报。将军您出生于戌年，因此要保护犬类，这样您就会有继承人了。"

纲吉轻信了和尚的胡言乱语，颁布了生灵怜悯令。这项错误的法令世所罕见，在 20 多年间颁布了近 60 次。而且，该法令随着时间的推移越来越苛刻。

· 必须申报饲养犬类的颜色

· 禁止钓鱼

· 必须申报饲养金鱼的数量

这样的法律简直匪夷所思。

并且，为了保护野狗，纲吉命中野和大久保修建了饲养狗的宅院，规模十分庞大。这些使用的都是平民上交的税金，用来精心饲养野狗，仅仅狗粮一项的支出估计一年就达到 70 亿日元，令人瞠目结舌。

还有，凡是违反生灵怜悯令者都会被严厉处罚。

据传有一个孩子生病了，他的父亲就杀掉燕子给他吃，结果此事暴露后，孩子和他的父亲一起被砍掉了脑袋。还有一个武士因拍死了叮在脸颊上的蚊子而获罪流放。爱护动物胜过人类，是这项法律变态的地方。据说触犯该法令遭到处罚的人数最后竟达到数十万人。

仅从这项法令能够连续多年实施这一点来看，就可以知道将军纲吉手中握有非同小可的权力。

正如幕阁曾经担心的那样，纲吉变成了一个专制的君主。而且，他不但没有成为光圀期待的明君，反而走上了暴君的道路。作为臣下，没有人斗胆进谏，如果得罪了这样的暴君，就会立刻被他罢免。

事实上，那些不顺心如意的部下都一个个被纲吉赶得远远的，光是大名级别的封号他就废除了 40 多个。因此纲吉将军身边都是一些随声附和的人，这种情况下只有光圀屡屡向纲吉进谏，毫不屈服。光圀的谏言虽然微不足道，但在这种政治环境下，可以说他敢于反抗的姿态令人感到他尤其伟大。

对抗犬将军的光圀

光圀集中攻击的重点目标是让庶民苦不堪言的生灵怜悯令。一次，他对江户城里的老中阿部正武信口说道："生灵怜悯令的初衷应当是把怜悯民众的感情扩大到动物，但是如果人犯下罪行就应该被惩罚，那么处罚有罪的动物也理所当然，因此我会命令部下杀掉那些闯到我府邸里来捣乱的野狗。"

光圀还违反幕府的禁令，暗中从事狩猎和捕鱼活动。说是在暗中，但是因为水户藩有幕府派来监督的官员"大目付"，光圀的所作所为自然会被通报给将军纲吉，这显然是对纲吉的公然挑衅。

元禄三年（1690），光圀突然从藩主之位隐退，发生这样的事情似乎令世人大吃一惊。围绕着光圀退位的原因，社会上流传着各种各样的臆测。据说光圀是由于自身健康状况而主动退位的，但似乎其中另有隐情，多半是纲吉逼迫他这样去做的。

纲吉是在光圀的支持下才得以成为将军的，他欠光圀一个人情。纲吉最初似乎并不想去惩处光圀，但光圀三番五次与他作对，纲吉便再也无法忍受了。这也的确是实情。

然而，光圀退位后的行为举止愈发大胆和激进。据说光圀隐居在家乡西山（常陆地区太田市）后，一次他通过幕府将军的近侍柳泽吉保赠送给将军纲吉 20 只狗的皮毛。光圀赤裸裸地挑衅说："寒冬难耐，请用这些做成冬衣御寒吧。"

还有一次，光圀家里饲养的仙鹤被一个农民杀死了。不久这个农民作为犯人遭到逮捕，光圀得知此事后怒气冲冲道："可恶的家伙，快带他过来，我要亲自审问他！"

光圀命下属在府邸门前设置了一个临时刑场，在众目睽睽下让人带出犯人，然后亲自挥起长刀，准备斩下犯人的首级。

但是，就在刀刃快要接触到犯人脖颈的瞬间，光圀一下子收住了长刀。他自言自语道："算了，即便杀了这家伙，仙鹤也不会死而复生。"

光圀唰地一下把刀插进了刀鞘里，继续说："杀死仙鹤的确是犯了重罪，但那只仙鹤是我喂养的，我就不再过多追究了。为了飞禽走兽而去杀人岂不是本末倒置？放你走吧。"

说完，光圀不但释放了这个农民，还发给他一些生活费救急。

想想纲吉，如果他知道了此事，恐怕只能苦笑了。

信奉尊皇思想的由来

众所周知，光圀设置了名为彰考馆的史馆（历史编纂所），开始编纂《大日本史》（『大日本史』）这部规模宏大的史书。

这项事业的规模逐年增大，听说最后竟耗费了水户藩每年预算的三分之一。众所周知，这部《大日本史》的历史观中贯穿着尊崇天皇的思想。

将德川家的掌门人任命为征夷大将军的是天皇，因此即便是在江户时代，尊崇天皇的想法也是武士阶层的基本常识。

但是，光圀的尊皇思想和其他人有很大不同，可以说他极度重视朝廷，反而过于轻视幕府了。

据说光圀常年坚持元旦时向朝廷所在的京都方向行朝拜之礼，他还经常对部下说："我们的君主是天皇，德川将军不过是我们的本家而已。"

这样的言行会令人觉得光圀是在暗地里和将军纲吉唱反调，或者说，也许是光圀因为后悔才说出这样的话来。他后悔没有选择来自皇宫里的人当将军，而是造就了一个犬将军。

编纂《大日本史》的工作由水户藩历代藩主继承下来，

尊皇的水户学思想也充分渗透到水户藩的武士中间。

后来，欧美列强出没于日本近海附近，水户藩的尊皇思想和排斥外国的攘夷思想结合在一起，形成了尊攘思想。而且，佩里率领的舰队来到日本后，尊攘思想一下子从水户藩扩展到全国，使幕府陷入危机，最后导致幕府统治被推翻。

也许，在水户藩进行的史书编纂事业就是光圀安下的一枚定时炸弹吧。

但是，颇具讽刺意味的是，幕府的最后一任将军竟然是来自水户的德川庆喜，这个结局恐怕光圀万万没有预料到吧。

◆夺权御三家
——第十一代将军家齐的深谋远虑

不理想的50年政治

天明七年（1787），由于第十代将军家治没有继承人，来自御三卿之一的一桥家年仅 15 岁的少年家齐成了幕府的第十一代将军。

所谓御三卿，是指田安家、一桥家和清水家，这三家是第八代将军吉宗新设立的三个分支。吉宗来自德川御三家的纪伊家，他就任将军后一心想把自己的血统延续千秋万代，于是创设了御三卿，让自己的儿孙们担任其家长。

将军家齐的政治发端于老中松平定信（吉宗的孙子）的宽政改革。松平定信的改革理想是提倡农本主义，即压制商人资本，振兴乡村地带，但这并不符合时代潮流。

由于老中田沼意次在政治上大行贿赂之风，宽政改革不仅正风肃纪，而且发布了严格的俭约令。此外，由于洒落本、黄表纸等通俗小说扰乱了社会公序良俗，所以被勒令禁止发行。以上种种统制思想的措施招致了平民百姓的不满，结果这些做法虽然起到了暂时提高幕府权威的作用，但是改革阻挡不了货币经济在整个社会中的蔓延。在百姓对松平定信极其不满的压力下，他只得辞去老中职务，宽政改革仅仅实行 6 年便失败了。

可是，据传松平定信下台的真正原因是他和将军家齐不和。家齐好像十分反对松平定信的政治方针，我们只要看看家齐亲政后的表现就能明白了。

松平定信离任以后，幕府政治由家齐掌管，该时代的政治比上上一代的田沼意次时期还要腐败。

而且家齐对权力有着很强烈的占有欲，他把将军一职让给儿子家庆后号称"大御所"①，但此时他也没有放弃政治权力，家齐实际掌管幕府的权力有近半个世纪之久。

下文将具体看一下家齐在政治上实施的政策，但后世对他的施政几乎没有什么积极评价。在他身上，既看不到他有什么远大的政治理想，也看不到他引领幕府积极前进的任何姿态。

坐拥40名妻子的将军

将军家齐在日常生活上穷奢极欲，挥金如土，耗费无度。幕府的财政支出急剧上升，每年都出现了高达 50 万两的巨额赤字，经济形势每况愈下。为了填补财政开支不足的部分，幕府不断改铸货币，通过减少货币金银的含量来榨取差额利益。

而且，由于政治上贿赂成风，颓废享乐的风潮不仅在幕府内部大行其道，而且渗透进了庶民阶层，导致整个社会的风纪和治安都十分混乱。尤其是在农村，频频发生盗窃、抢劫事件，赌博也在光天化日之下公然进行。

---

①　隐退将军的住所，或者是对退位后将军的尊称，江户时代特指德川家康和德川家齐。

德川幕府与御三家

　　然而，败家子家齐妻妾成群，在她们身上，家齐花钱最多。

　　众所周知，所谓"大奥"①，是指为了德川将军一人而特意设立的内帏，是将军女人们居住的地方。"大奥"是一个非常特别的地方，它存在的目的就是延续将军家族的血统。据说"大奥"的定员为700人左右，在家齐统治时代，居住在"大奥"里的人数急剧膨胀，比定员人数多近一倍。

　　用精力绝伦这个词来形容家齐再合适不过了，总之这位将军极其喜爱女人这种尤物，他只要碰到喜欢的女性就一定会搞到手。

　　家齐17岁时迎娶萨摩藩岛津重豪的千金茂子作为正室，此时他已十分早熟，并且与比他年长的女性阿万有染，还生下了孩子。

　　为此，江户的老百姓们还做了一首打油诗，在坊间传唱，用来嘲弄这个贪恋女色的家齐将军。

　　　　萨摩白薯甜又香，饥渴难耐未蒸熟。万家甜点先下肚，搞大肚子就是他。

――――――――――

①　江户城中将军的夫人、侧室、侍女们的居所，将军以外的男人禁止入内。

作为将军的特权之一，理所当然会拥有侧室，但是像家齐这样妻妾成群，竟然有 40 人之多，实在非比寻常，不禁令人瞠目结舌。

更令人感到惊讶的是，其中 16 人都和将军家齐生有子女。这些子女共 55 人，其中男孩 28 人，女孩 27 人。这么多人，恐怕学校的一间教室都容纳不下吧。

家齐的远大计划

文政十年（1827），家齐年满 55 岁，至此时，婚后近 40 年来他的孩子在不断出生。

家齐野心很大，笔者虽然不能确定他的野心萌发自何时，但这种野心应该是在他的孩子接二连三诞生的这段时间内产生的。

家齐的野心就是夺取其他藩国的领地。

对于那些强大的藩国，家齐把自己的儿子送给他们当养子，或者把女儿嫁过去，他想把这些藩国的血统都变成自己的。

如前所述，家齐治下的幕府财政十分拮据，他的女儿不是什么问题，但是把他的 28 个儿子都提升成大名，分封给他们新的领地，显然是难以办到的。

虽然经济上的确存在这样的实际情况，但家齐这种硬把自己的儿子塞给各大名的做法，从旁观者的角度来看，带有非常明显的强迫色彩。

比如，藩主的直系血统断绝时，即便还存在他的弟弟和侄子这样强有力的人选，家齐也不让他们去继承，而是硬把自己的儿子塞过去成为养子。在当时，像这样的情况有很多。

就这样，家齐向会津藩、仙台藩、加贺藩、越前藩、广岛藩、佐贺藩等藩国前前后后输送了不少亲生子女，总计36人次。

江户时代的大名数量约为二百六七十家，因此家齐的儿子在其中所占的比例就超过了百分之十。而且，在那些封地辽阔的藩国中，大部分藩国的继承人都是家齐的儿子。如果折换成谷物收获量的话，家齐的儿子控制了该藩三分之一以上的收入。可以说，这个数字简直骇人听闻。

当然，也有实力弱小的藩国乐于奉迎将军家齐的儿子成为养子或者迎娶家齐的女儿。因为他们这样做既有望从幕府得到经济上的援助，也可以提高本藩的规格，甚至他们也被恩准使用松平这个姓氏和三叶葵家徽。

但是，家齐的做法给实力强大的藩国带来很大困扰，有的藩国的血统也因此被搞得乱七八糟。

以福井藩为例，该藩的首任藩主是家康的次子秀康，属于亲藩（和德川将军家有亲戚关系）。当时福井藩的藩主松平齐承迎娶了家齐的女儿浅姬并育有一子。然而，这个孩子不久就夭折了。家齐虽然知道他们夫妇很有可能继续生育孩子，但还是硬把自己的第四十八个孩子民之助过继给他们当养子。

而且，民之助眼睛有残疾，是个盲人。按照当时社会的一般观念，盲人是很难从事藩主工作的，因此家齐的做法极不符合社会常识。

断绝德川御三家的血统

不仅仅是那些强有力的藩国，为了延续自己的血统，家齐还把自己的儿女送到御三卿和御三家这些有亲戚关系的大名那里，纪伊藩就是一个很好的例子。

纪伊藩第十代藩主治宝虽然有女儿，却没有世子。因此，文化十三年（1816），尽管纪伊藩还存在西条松平家这个有继承权的分支，但家齐还是让他和于登势之间生育的第七子齐顺迎娶了治宝的女儿丰姬。其实，纪伊藩的第六代藩主宗直和第九代藩主治贞就是来自西条松平家。

第十一代藩主齐顺在 45 岁那年去世，他没有留下后裔，于是将军家齐就让他的第二十一子齐强继承了纪伊家的藩主之位。

然而，有趣的是，前任藩主齐顺有个遗腹子。这个男

孩是齐顺的侧室美佐在他生前怀上的，齐顺死后 16 天这
个孩子才出生。这个孩子就是后来的庆福。

纪伊家的第十二代藩主齐强年仅 29 岁就病逝了，他
没有后嗣。因此，刚才说到的那个庆福年方 4 岁就继任第
十三代藩主。庆福后来作为强有力的将军继承人而备受关
注，他战胜了一桥庆喜成为幕府的第十四代将军，改名家
茂。也就是说，家茂虽说是来自御三家的纪伊家，但他实
际上是家齐的孙子，所以他身上体现着更为浓厚的德川将
军家的血统。

不管怎么说，将军家齐就这样通过两代藩主，把自
己的血统硬连进了纪伊家，从赖宣延续至此的血统就此
断绝。

然而，纪伊藩就算不错的了，境遇最惨的当属御三家
中的老大尾张家。

家齐计划让第九代尾张藩藩主宗睦的嫡长子五郎太迎
娶他的长女淑姬，但还没有互换婚帖，五郎太就在 5 岁时
夭折了，结果这件婚事泡了汤。

宗睦治理尾张藩达 40 年之久，他成功进行了藩内政
治改革，被尊为尾张藩的中兴之祖。但是他的儿子去世得
都很早，直到晚年宗睦也没有继承人。

藩主没有后嗣的情况下，尾张藩的传统做法是从家族
的分支迎来藩主。尾张家有三支很有实力的分支，即高须

松平家、大久保松平家和川田久保松平家。尽管如此，家齐还是让宗睦收他的第六子敬之助为养子。

然而，敬之助也在 5 岁时夭亡。于是，五郎太曾经的未婚妻、后来嫁给了一桥齐朝（御三卿之一）的淑姬被遣入尾张家，齐朝做了宗睦的养子。这是发生在宽政十年（1798）的事情。

当家齐得知齐朝、淑姬夫妇没有孩子时，他就在文政五年（1822）让自己的第四十五个孩子直七郎（母亲名为琉璃）做了他们的养子。直七郎在文政十年（1827）继任尾张藩藩主，改名为齐温。齐温在位期间 13 年，据说他连一次都没有去过尾张，他手下的家臣真是可怜。

齐温 21 岁时逝世，这次家齐想把他的第十一子要之丞（母亲名为阿蝶）送到尾张藩，接任第十二代藩主。

家齐的这种蛮横做法引发了尾张国的众怒，掀起了让高须松平家户主义建的次子义恕接任尾张藩藩主的猛烈运动。

但是，江户派到尾张藩的家老成濑正住加以阻挠，他强行拥立要之丞为藩主。要之丞改名为齐庄，据说他就任藩主后的第二年就去了尾张藩，竭尽全力安抚藩内人士。

即便如此，可以说家齐的养子战略卓有成效。

这种养子战略也被用于德川御三家的水户藩。将军家齐把自己的亲生女儿峯姬嫁给了水户藩藩主齐脩，成为他的正室。家齐的目的就是把自己的血统混入水户家的血脉，但是，齐脩和峯姬婚后十年也没有生下一男半女的迹象。

齐脩生来就体弱多病，精力不济。为此，齐脩的家臣们十分担心他没有后代，就恳请他另立侧室，但是齐脩拒绝了。

据说齐脩对自己的近臣冈井富五郎说："若吾不幸夭亡，弟敬三郎可传承家业，此事需拟旨一封，托付夫人保存。"（涩沢荣一著『德川慶喜公伝』平凡社東洋文庫）

齐脩似乎感觉自己余日无多，将不久于人世。他明确表示想让弟弟敬三郎继承自己的衣钵，这在上述史料中记载得很清楚。

齐脩之所以态度如此明确，是因为幕府方面从旁多次探询他："从将军的儿子们中选择一个做继承人如何？"

都是因为将军家齐，尾张家、纪伊家的血统才被他弄得乱七八糟，因此齐脩才会拼死守护初代藩主赖房以来的纯粹血统。

但是，齐脩的想法和水户藩重臣的想法截然不同。

笔者已经在其他地方讲过，水户藩的财政持续陷入了窘迫状态。虽然厉行节约，但看不到财政状况有任何起色，面临着即将破产的困境。因此水户藩为了敛财，罔顾节操大义，公开实施如下政策：即便是平民百姓，只要献纳一定金钱，就可以取得武士资格。可见，水户藩真是无路可走了。

总之，水户藩为了金钱可以不择手段，如果奉将军家齐的儿子荣任藩主，那么幕府就有可能在财政上施以援手。这件事应该确凿无疑。因此，以榊原淡路守为中心的重臣阶层更希望迎来家齐的儿子。具体而言，就是家齐的儿子齐强（如前所述，齐强后来继承了纪伊家）作为候选人提上了议事日程。

重臣阶层的这种动向遭到了以学者和青年才俊为核心的改革派的激烈反对，他们致力于拥立敬三郎。就这样，在水户藩，以重臣阶层为中心的门阀派和改革派在暗地里展开了十分激烈的斗争。

最后，改革派中有好几十人做好了受到责罚的心理准备，为了拥立敬三郎，他们离开水户，远赴江户开展各种活动。最终，齐脩的继承人敬三郎被定为水户藩藩主。敬三郎在齐脩死后改名为齐昭，成功就任水户藩第九代藩主。

将军家齐在水户家的如意算盘落空了。但是无论如何，我们都能看到，他对延续自己血统的那份执着是如何强烈。

第二章

残酷无情的殊死斗争
尾张家 VS 纪伊家

◆将军之位
——吉宗就任闹剧的黑幕

没有诞下儿子的将军纲吉

众所周知，御三家中诞生的首任将军是纪伊藩的德川吉宗。纵观吉宗受命为将军的整个过程，他看起来似乎就是世间罕有的幸运儿。他虽然身为纪伊藩藩主的第四个儿子，但由于其兄长接连死去，他不但成了藩主，进而在幕府阁僚和将军后宫的大力荐举下超越了御三家的老大尾张藩，成了幕府的第八代将军。

这些并非吉宗的个人意志使然，简直就像是老天爷在操作一样。这就是所谓的天上掉馅饼吧，吉宗的运气实在是太好了。可是，他能走上将军之路，真的是天命吗？

笔者可不这么认为，而认为他是依靠实力才胜出的。而且，他的手段绝不值得我们称道。

那么，吉宗究竟是如何攫取将军宝座的呢？下面我们来详细谈一谈他的手法吧。

说到吉宗就任将军这件事，我们还得回到他十多岁的时候。那时，将军纲吉接二连三地来到纪伊藩藩主的宅邸。因为纲吉一个叫作鹤姬的女儿嫁给了吉宗的长兄纲教。

如前所述，儿子德松夭折之后，纲吉就没有再生男孩。深受纲吉信赖的占卜师隆光十分确定地对他说："这是您前世杀生之报。"

因此，要想拥有宝贝孩子，就必须在现世公布极度爱护动物的法令才能抵消前世犯下的罪孽。这个让全天下民众唾弃的法令，就是"生灵怜悯令"。

然而不管等了多久，上苍也没有眷顾纲吉。纲吉已经50多岁，他也断了生男孩的念头，所以他的期待都落在了女儿鹤姬身上。

鹤姬与纪伊藩藩主的世子纲教成婚是在贞享二年

（1685），那时她才 9 岁。此后过了近 20 年，她和纲教之间也没有生下子女。但是，鹤姬未满 30，她怀孕生下男孩的可能性很大。

纲吉想：实在不行的话，我就收女婿纪伊藩藩主纲教为养子，让他继任下一代将军。

出于这样的打算，同时为了向全天下宣传他的这种想法，纲吉才频繁出入纪伊藩藩主的府邸吧。

纲教等于是吉宗的长兄，此时年近 40，他和四弟吉宗相差近 20 岁。吉宗是个很有野心的人，他的内心里应该会有这样的期许：万一哥哥和鹤姬之间没有子嗣，那时自己或许能成为他们的养子吧。要是这样的话，将军的宝座难道不是会落在自己头上吗？

笔者能够确信，其实就是在此时此刻，"将军"这个字眼已深深扎根在吉宗的大脑里，从此再也挥之不去。

但是不久之后，吉宗的这种期待就化为了泡影，因为鹤姬在宝永元年（1704）去世，年仅 28 岁。这一年的十二月，将军纲吉也选定了作为继承人的养子。但这个人不是纪伊藩的纲教，而是纲吉兄长纲重的儿子纲丰。

实际上纲丰作为纲吉的侄子，是将军继承人的强有力人选，可是纲吉对鹤姬夫妇期待过高，所以就不断无视纲丰的存在，迟迟没有指定他为下任将军的人选。

但是，现在鹤姬不在人世了，跳过能够延续德川本家血脉的纲丰，把将军一职让给纪伊家，这显然是不可能的。就这样，纲吉一去世，纲丰就改名为家宣，就任幕府第六代将军。

吉宗成为纪伊藩藩主

鹤姬亡故后的第二年，不幸接二连三地降临在纪伊藩。五月，纲教追随他的亡妻离开人世，时年 41 岁。八月，79 岁的第二代藩主光贞（吉宗的生父）逝世。进而在九月，刚刚接任纲教成为藩主的吉宗的哥哥赖职也病逝了，年仅 26 岁。

仅仅只有 4 个月，纪伊家就瞬间失去了可以称为支柱的三名成员。结果，藩主之位跌进了时年 22 岁的吉宗（赖方）的怀里。

因为如此众多的亲人突然离世，有这样一种说法，怀疑是觊觎藩主之位的吉宗实施了谋杀行为。实际上，这种说法在当时也盛传于世。当然，由于这并不符合历史事实，很多人听后不过付之一笑。

但是，谋杀这种事情是绝不会留下正式记录的，所以才被称为谋杀。如果非要让笔者在谋杀和自然死亡之间做选择的话，笔者会毫不犹豫地选择谋杀这种说法。79 岁高龄的光贞去世很有可能是由于年老体衰，但其他二人或许就是被吉宗派遣的刺客杀掉了。笔者觉得吉宗身上充满了嫌疑。

后来，吉宗成为幕府将军，他创立了直属于将军的特务机构"御庭番"。众所周知，"御庭番"的密探遍布全国各地，它的作用就是到处刺探其他藩国的情报。虽然历史上没有记录，但"御庭番"会接受吉宗的密令从事十分危险的工作，这是不争的事实。

类似的特务活动，早在吉宗就任纪伊藩藩主时就在藩内广泛推行，以达到正风肃纪的作用。

这种秘密的特务机构是不可能在短期内组建起来的。人们很容易联想到，或许吉宗在登上藩主之位前就已经暗地里加以培训并使其成形了。

令人感到奇怪的是，纲教和赖职都是从江户回到纪伊后不久发病而亡的，而且两人发病时吉宗也在纪伊。

还有，更不可思议的是，赖职发病时，虽然纪伊有好几名医生，但是赖职和他的亲信们都强烈要求幕府火速派遣将军的私人医生到纪伊来。为何赖职等人非要特意恳请将军的医生过来呢？

这其中恐怕只有一个理由，那就是纪伊藩自己的医生不值得信任。这些医生不是吉宗的特务人员，就是都被吉宗收买了。很有可能，赖职等人已经发现，纲教之死就是吉宗在背后捣的鬼。

内奸的恐怖之处在于没有人知道他究竟是谁，在身边坐着的那个人或许就是内奸。

是不是被谁下毒了？就在身体日渐一日垮下去的过程中，赖职对他身边的医生、厨师或者试食侍从都抱有极大怀疑。

结果，在将军的医生到来之前赖职就死去了。这时，赖职的三名亲信割断了自己的发髻，以表明他们誓死追随主公的信念。但如果从不同的观点来看，可以说他们表明了对新任藩主吉宗的一种强烈的不信任感。吉宗因此大为震怒，他没收了这三个人的家产并把他们幽禁起来。

总之，吉宗兄长们的死亡非比寻常，不能否认吉宗和此事没有任何关系。

竞争对手尾张藩藩主的离奇死亡事件

可以说第六代将军家宣在幕府的历代将军中都是数一数二的英明君主，将军纲吉曾留下遗言说："我死之后，生灵怜悯令也要延续千秋万代。"但是考虑到老百姓的痛苦，家宣立刻废止此令，并起用新井白石大力推行仁政。

有一件关于家宣的逸事留在了历史记录中，他和新井白石围绕将军继承人展开了讨论，这充分证明家宣是一个真正的明君。

正德二年（1712），家宣重病缠身，据新井白石的自传《折焚柴记》（『折たく柴の記』）记载，此时家宣和新井白石之间展开了如下交谈。

家宣说："我膝下有长子家继，可他还只是一个 4 岁的幼童。自古至今都没有幼主即位天下太平的先例，想必家康公预见到此事，所以才会设立御三家吧。我想把将军的位置让给尾张藩的藩主吉通大人，你意下如何？"

让自己的儿子接掌自己的权力属于人之常情，而能超越这种人之常情为天下苍生考虑的将军，只有家宣一人。但是，新井白石闻听此言惊慌失措，他极力进谏道："大人您还有亲儿子家继在，如果您不传位给他反而会导致天下大乱。我们都会竭尽全力辅佐家继大人，所以请您务必打消这种念头。"

但是家宣反问道："家继尚在年幼，万一发生不测又当如何？"

新井白石回答道："那时再让御三家出人也不迟。"他再次恳请家宣立家继为将军的继承人。

新井白石这样讲的背后，毋庸赘言，源于他对权力的那份执着。如果吉通接任将军的话，就会有很多来自尾张藩的侍从进入江户城，并操控幕阁。当然，新井白石的权力也会被他们夺走，不得不离开幕阁。事实上吉宗坐上将军宝座时，这一切都变成了现实。也就是说，为了继续掌握政权，无论如何也要让家继成为将军。

最后，在新井白石强有力的劝说下，家宣没有坚持自己的想法，他决定让家继接任将军之位。同年十月十四日，家宣病逝，享年 51 岁，他在位仅仅 4 年。

据说家宣点名想让尾张吉通成为将军的继任者，是因为吉通不仅是御三家中老大尾张藩的藩主，更因为他是一个非常有能力的年轻人。

不过，如果说到有能力，不得不说纪伊藩的藩主吉宗还是更胜一筹。因为此时吉宗正在进行彻底的藩政改革，他使濒于崩溃的纪伊藩经济得以重振，并取得了丰硕成果。

吉宗公布了厉行节约的法令，实施了财政紧缩的政策，他让家臣上交一部分财产，同时减少负债，通过大规模开发新田和修建水利设施复兴农村经济，增加地租收入，使藩内财政状况有所好转。

因此，家宣还活着时吉宗作为一代明君已广为世人所知。所以，吉宗也很有实力成为将军的候选人，他的名字出现在书中也很自然，可是《折焚柴记》中对吉宗只字不提。

或许家宣并不想把将军的位置留给吉宗，因为家宣对纪伊藩一直都不抱有什么好感。他自己虽然是将军最强有力的候选人，可是前任纪伊藩藩主纲教差一点就夺走了他的将军之位，他的心中曾一度痛苦不堪。

家宣曾经说道："家继尚在年幼，万一发生不测又当如何？"他的这句话不久就变成了现实，家继年仅8岁就夭折了。

既然如此，下一任将军毫无疑问就应该是尾张吉通，可是这没有变成现实，因为吉通已经不属于这个世界。吉通在家宣死后仅仅1年就突然去世了，年仅25岁。

吉通之死令人感到极其不解，他正值青年，身体也很健康。晚饭后吉通正大口大口地进食带馅点心时，突然吐血，他扭动着身体痛苦挣扎，最后气绝身亡。吉通这样死去显然极不正常，他被毒死的可能性极大。而且此时医生们的反应非常奇怪，他们连吉通的脉搏都不去号，而是听之任之。据说更为反常的是，吉通虽然在痛苦中大声喊叫，但是他的亲信和侧室还强行拉着他走来走去。而且，吉通因痛苦不堪大喊着想要休息一下，这些人却完全置之不理，在他的哀号声中把他带到正房。

不管怎么来看，发生的这些事都极不正常。

接替吉通的是他的嫡长子五郎太，年仅3岁。然而五郎太就任藩主之后仅仅只有两个月就毫无征兆地患上疾病，突然去世了。

这令人不免想到，不知是谁谋杀了吉通和五郎太，这样突发的变故实在太诡异了。那么，如果这是谋杀，凶手到底是谁呢？

如果按照常识来推理的话，上面这两个人死后最大的受益者就应该是凶手。

实际上最大的受益者有两个人，其中的一个人就是吉宗。在家继刚继任将军时，吉宗就很清楚，家继这个孩童身体羸弱，命归西天是迟早的事情。

也许家继不会长大成人，如果吉通也不存在的话，自己就有机会成为将军。这样想的吉宗很有可能会派遣刺客到尾张。事实上在某个尾张藩武士的日记中就有这样的记述——纪伊藩的密探经常在尾张大人的府邸周围徘徊。

但是，如果吉宗是凶手，那么有必要连五郎太也除掉吗？与其杀掉年幼的五郎太，还不如让他一直当藩主，这样做对吉宗应该更为有利。因为后来接替五郎太的尾张新任藩主是吉通的同父异母弟弟继友，继友仅仅比吉通小 3 岁。对于觊觎将军宝座的吉宗而言，继友是一个强有力的竞争对手。

因此，笔者不认为吉宗是导致吉通和五郎太身亡的始作俑者。刚才笔者讲过，有两个人是这次事件中的最大获益者，吉宗之外的另外一个人或许就是凶手。

那个人就是吉通同父异母的弟弟——继友。

毋庸赘言，正是因为吉通和五郎太这两人的死亡，继友才得以接任藩主，并具备了有望登上将军宝座的地位。

完美政治工作的成果

幕府的第六代将军家宣本想把将军之位留给尾张藩藩主吉通，只要这一点属实，那么可以说尾张继友在争夺将军职位这件事上，具有绝对优势。如果吉宗不采取什么措施的话，等第七代将军家继去世时他根本不可能登上将军的位子。吉宗能超越继友夺取将军之位，完全得益于他完美的政治工作。

江户时代女性地位很低这种说法其实是个误解，即便在宣扬男尊女卑这种思想的日本近世①社会，家里的夫人们仍像现代社会一样，在暗地里操控丈夫。所以如果想让男人去做什么事情，就只能取得他妻子的帮助。政治上的事情可以在夜晚的闺房里搞定。吉宗深谙此道，他不断向将军的夫人们行贿，着手开展买官行动。

当时将军的夫人们分裂为两大完全对立的派别，她们分别是家宣的正室天英院和家宣的侧室月光院（家继的生母）。

家宣在世时，由于月光院诞下了后嗣，所以她们这一

---

① 在日本关于历史时代的划分上，日本的近世包括安土桃山时代和江户时代，指从织田信长 1568 年进入京都到 1867 年德川庆喜辞去将军这个时期。

派势力强大，很有影响力。

但是，正德四年（1714）月光院派的中心人物武家侍女长绘岛在观赏戏剧时，看上了长相俊俏的男演员生岛新五郎，于是就把他叫到楼座上大肆淫乱。结果他们的丑行暴露后，以绘岛为首的月光院派的诸多女性遭到了处罚，于是两派之间的平衡被突然打破，天英院派转入了攻势。

当时掌管幕阁的间部诠房和新井白石也受到了冲击，因为他们二人是在月光院派的支持下管理幕府政治的。

第五代将军纲吉之后，按照惯例，主持幕府政治的不是来自谱代大名的老中和若年寄①，而是侧用人②或者将军的亲信，来自谱代大名的官员长年遭受冷遇。然而，间部诠房、新井白石等人的权力在大奥内部势力的变化下刚一遭到削弱，压抑已久的谱代阶层的强烈不满就悉数爆发了。

吉宗对大奥和幕阁的政治情况了如指掌，他判断家继死后掌握幕府权力的会是天英院派和谱代阶层，于是他动用藩内的全部力量，给他们送去巨额贿赂。而且，在自己

---

① 江户幕府的职名，辅佐老中，参与幕政的机要事务，同时支配统辖旗本、御家人。

② 江户幕府的职名，侍于将军侧近，负责在将军和老中之间传话，并向将军汇报意见的重要官职，定员一名。

即将成为将军之际，他承诺事成之后会增加天英院派的俸禄，并让谱代阶层掌管幕府。他甚至把贿赂送到了天英院的亲生父亲关白近卫基熙那里。

吉宗的过人之处就在于他对本藩之外的其他御三家也展开了秘密的政治工作。

水户藩时逢第三代藩主纲条当政，可是说到纲条，他几乎不可能成为幕府的第八代将军。

首先纲条的年龄就是个大问题。他年近60，老态龙钟，随时都有可能走到人生的尽头。事实上，吉宗就任将军以后的第三年，纲条就病故了，时年63岁。

第二是门第问题。和尾张家、纪伊家相比，水户家的俸禄仅仅是它们的一半，而且水户藩的首任藩主赖房还是尾张义直和纪伊赖宣的弟弟。正是出于这种情况，大家都心知肚明，只有当尾张和纪伊这两家找不到合适的将军人选时，才会考虑水户家。

最后起决定作用的还是纲条作为政治家的资质问题。为了重振水户藩的财政，他任用经世家松波勘十郎进行藩政改革。可是改革丝毫不考虑农民的利益，实行增税政策，结果遭到了农民们的集体反对，以至于发生了规模巨大的农民起义。

最后，为了越级上诉，许多农民蜂拥到水户家在江户的藩邸，因此纲条就慌忙解雇了松波勘十郎并中止了

改革。但是，天底下的人都知道纲条缺乏政治手腕。像
这样在政治上昏头昏脑的人，应该是不会被幕阁选定为
将军的。

也就是说，在将军后继人的争夺赛中，水户藩从一开
始就被排除在外了。然而，由于水户藩是御三家之一，在
选定将军的会议上，时任藩主的意向也的确有着举足轻重
的作用。因此，吉宗就秘密地提供金钱上的援助，想把他
们拉到自己这边来。

藩政改革遭遇挫折后，水户藩的财政状况犹如一辆着
了火的汽车，极其渴望把钱弄到手。既然水户藩无论如何
也产生不了将军，那还不如积极支持前来示好和提供援助
的吉宗，让他当上将军。这样就能从幕府那里借来钱，这
不失为一大良策。

就这样，水户藩对吉宗也开始言听计从了。

令人感到吃惊的是，对于尾张藩这个最大的竞争对
手，吉宗也开展了秘密的政治工作。前面已经讲过，尾张
吉通、五郎太父子二人的死亡与尾张继友有很大关系。这
件事在尾张藩内闹得沸沸扬扬，对继友抱有反感的藩士不
在少数。

但是，反对继友的派别并没有明显表现出来，而是在
暗地里活动。因此尾张藩虽然表面上看起来风平浪静，但
是精于谍报工作的吉宗应该察觉到了这种不和谐的声音，

纪伊藩的密探的确在计划和反继友派接触。

不管怎样，幕府第七代将军家继生命垂危时，吉宗的这些秘密政治工作取得了极大成效。和继友相比，吉宗完全占据了上风，得到了将军一职。内中详情，笔者会在后面详细交代。

纪伊吉宗成为幕府第八代将军

正德六年（1716）四月底，身体羸弱的幼君家继罹患重病；同月三十日，陷入病危状态。

这一天，以御三家为首，和幕府有关系的人们都得到了将军病危的消息。这个消息一传到尾张藩，藩主继友就立刻命令部下启程前往江户。但是他的家臣们慌作一团，一直没有做好出发的准备，甚至连藩主专用的肩舆都没有备好。

继友动怒道："我绝不能落在纪伊藩后面！"他跳上身旁拴着的一匹马，一溜烟地向江户城狂奔而去。在他身后是拼命追赶他的家臣，七零八落，狼狈不堪。这下，尾张藩在世人面前可是出尽了洋相。

当继友气喘吁吁赶到江户城内的候客厅时，令他感到意外的是，纪伊吉宗和水户纲条已经先期抵达，并严肃地端坐在那里。而且，似乎吉宗已经提前知道这件事情，他这次带来的随从比往常多许多，一副威风凛凛的样子。

继友心里暗自骂道："我还是晚了一步，弥次你这个窝囊废！"

水野弥次大夫①是尾张藩派往江户的家老，继友怪他平庸无能，没有事先察觉到家继的病情。

然而继友想错了，弥次大夫绝非平庸之辈，他很有可能已经被纪伊藩收买。或许，尾张派往江户的藩士们中的那些重臣，多半都投靠纪伊藩了吧。这样想来，我们就能理解尾张藩藩主一个人骑着马跑到江户城时的狼狈相了。大家其实是故作慌乱，就是为了拖延继友去江户城。

那么，弥次大夫等人为什么要抛弃自己的主公而投靠纪伊藩呢？

那是因为他们中的大部分都是前任藩主吉通的人。吉通从出生到成为藩主，一直在江户生活，几乎从来没有去过尾张。继友与此恰恰相反，他是土生土长的尾张人。因此尾张派到江户来的臣子们都留恋旧主吉通，不喜欢继友。更何况在吉通毒发身亡这件事上，继友嫌疑最大，所以这些人很可能一直对继友怀恨在心。

可是继友对此一无所知，事情都到了这步田地，他还信心满满地认为自己会成为下一任将军，想来真是可悲！

----

①　江户时代用于尊称大名的家老。

得知家继病危消息的大名们都聚集在候客厅里，这时，间部诠房和土屋政直走了进来，他们对吉宗说："天英院大人说希望请您继任下任将军。"

坐在旁边的继友听完不禁愕然，这简直太出乎他的意料了。

听到间部诠房等人的请求，吉宗断然拒绝道："从门第、年龄来看，还是继友大人或者纲条大人更适合担任将军。"尽管间部诠房等人再三恳请，但是吉宗的回答始终如一，坚辞不受。间部诠房等人默默地从房间里退了出去，不久他们又走进来对吉宗说："天英院大人有请，请您借一步说话。"

于是吉宗便被他们带走了。

事态的发展如此出人意料，继友只能茫然地呆坐在那里。过了一会儿，吉宗回来了，他一副不情愿的样子，好像是天英院硬要他继承德川本家一样。即便如此，吉宗还是不愿成为将军。间部诠房等人正以不快的神情说服他。

继友心想：也许，吉宗真的没有想当将军的心思？

这时，坐在旁边的水户纲条突然对吉宗说："你就应该当将军！"

继友听了大吃一惊，他瞪大了眼睛。

纲条旁若无人地继续说服吉宗道："我和继友大人都是家康公的玄孙（第四代子孙），可您是曾孙（第三代）。

从血统的远近上来看，您才适合当将军。"

继友在心里喊道："岂有此理！将军家宣原本选定的继承人是自己的哥哥尾张吉通，他难道不也是家康公的玄孙吗？"

这时，纲条突然起身拽住吉宗的胳膊，把他拉了起来，接着一言不发地把吉宗硬拉到上座让他坐下，然后纲条从腰间解下佩刀放在身旁，并向吉宗行跪拜之礼。吉宗坐在那里纹丝不动。

霎时，继友终于明白了吉宗的真实想法，他还是想要当将军啊！而且，大奥、老中，还有水户家，这些有权有势的人都希望吉宗成为将军。

"我输了……"此时此刻，继友才深深地品尝到作为一个失败者的滋味。继友也不傻，这种情况下，他知道怎么做才是最恰当的。虽然继友感到十分屈辱，但他也像纲条一样立即取下佩刀朝吉宗跪伏下来。

一看到尾张继友跪拜在地，吉宗马上从上座上下来。他说道："今后，我会和你们共商国是，齐心协力治理好天下。"

事实上，这句话表明吉宗答应继任将军一职。

就这样，吉宗通过完美的政治工作，彻底战胜了御三家的老大尾张藩，成功把第八代将军的职位收入囊中。

◆憎恶之念

——吉宗和尾张宗春的八年战争

尾张宗春登场

名古屋建中寺墓地墓碑林立，在其中的一角，有一块墓碑上缠满了金属丝网。天保十年（1839）十一月，这块墓碑上锈迹斑斑的金属丝网终于被撤掉了。76年前，这块墓碑上就被缠上了金属网，此举意味着沉睡在地下的墓主人是一个罪人。

这座坟墓的主人，就是尾张藩第七代藩主宗春。

元文四年（1739）正月，宗春被迫从藩主之位上退了下来，幕府命他"蛰居谨慎"（幽禁在家中的一种处罚）。如果倒过来算，从他墓碑上的金属丝网被解除的那一年算起，可以说宗春被处罚长达100年之久。

宗春究竟犯下了何等大罪，我们暂且不提，单凭他死后还继续遭受处罚这一点来说，就非比寻常。更何况尾张家门第显赫，在御三家中还是老大。可以说，对于德川将军家而言，尾张藩也是最大的同盟者。那么，对于拥有亲藩地位的尾张藩的当家人，为何要课以如此严厉的责罚？

而且，出于何故，宗春此人会遭到德川将军家如此厌恶？

尾张第三代藩主纲诚精力超群，令人咋舌，他的爱妾达数十人之多，并生下了 39 名子女。

宗春是纲诚的第三十四个孩子，在男孩中排名第二十。他出生时，纲诚已届晚年。宗春生于元禄九年（1696），他的母亲身份低微，是纲诚家臣三浦太次郎的女儿。

正常来看，以宗春这样低微的出身，无论如何也不可能登上藩主之位。可是不知何故，纲诚的孩子们几乎都很难成人，一个接着一个夭折了，长大成人的男孩仅有几个而已。

在这几个男孩里，比宗春大 7 岁的长兄吉通成了第四代藩主。如前所述，吉通 25 岁时突然死去，吉通的儿子第五代藩主五郎太不久也去世了，藩主之位由他同父异母的哥哥继友接任。

可是继友也在享保十五年（1730）十一月突然去世了，由于他没有嫡子，所以其同父异母的弟弟宗春就掌管了尾张这片有 62 万石俸禄的地盘。

关于继友的死因，据说是他在江户城感染了当时已四处蔓延的麻疹。但是继友去世时才 39 岁，正值壮年，他罹患麻疹后短短几日就陷入了病危，很快就气绝身亡。因此，坊间传说继友是因为曾经和吉宗争夺将军之位，所以才被吉宗将军派来的刺客暗杀了。

但是这种传闻并不可信，继友死时吉宗成为将军已有 14 年之久，吉宗推行的致力于重振幕府财政的改革渐入佳境，成就斐然。此时的吉宗很有威望，他已经完全掌控幕府政治并确立了专制体制。也就是说，即便继友之流想要蠢蠢欲动，吉宗的统治也已经坚如磐石，根本无法撼动。

而且，在争夺将军职位的斗争中败北的那一刻，继友的野心已经被击得粉碎，之后他就变得犹如废人一般。由于继友的家臣们齐心协力，苦苦支撑，尾张藩的藩政才没有受到影响。可是，作为失败者的继友好像在精神上受到了沉重打击，据载他经常会做出一些有违常规的粗暴举动。

尾张藩士朝日文左卫门的日记《鹦鹉笼中记》（『鸚鵡籠中記』）中就记述了这样的事情。对于不合自己心意的家臣，继友会加以凌辱，比如让他们喝下自己浑浊的洗脚水，或者把他们扔到泉水里，或者把火筷子贴在他们脸上。

如前所述，继友后来得知，由于尾张藩士们不支持他，才导致自己在争夺将军职位的斗争中败下阵来。所以，他十分憎恨这些家臣，对于那些看不顺眼的人，就会拿他们来撒气。继友的心情固然可以理解，但他的下属们实在难以忍受。据说继友后来似乎完全自暴自弃了，他沉迷于花街柳巷，在酒色中流连忘返。

也就是说，杀掉这样一个彻底失败的人，对吉宗来说没有半点好处。不如说，还是尾张藩士们更希望他早点归西。

也许，继友会不会是被他的家臣们暗害了？笔者是这么认为的，因为此事有一个间接的证据，这个留待后话。

顺便提一下，继友后来变本加厉，他的暴戾再也无法隐瞒下去了，这或许也是他被暗杀的理由之一。因为再这样下去，继友的不端行为会把尾张藩毁于一旦。

无论如何，对于吉宗而言，继友这个人的存在仅仅是过去时了。

尾张家第七代藩主

如果用一句话来总结吉宗大力推行的幕政改革，那就是旨在通过重视农本主义来重振幕府的财政。

改革的基本措施是，强行采取彻底的财政紧缩措施，极端控制财政支出，提高农民的地租以增加财政收入。

说到底，改革不是为了民众，而是为了幕府的利益。所以，在赋税增加的情况下，不管农民有多么痛苦，农村有多么贫乏，吉宗都绝不会把这些放在心上。

有趣的是，当时的学者都在背地里咒骂吉宗，称他为"无知将军"。的确，当时儒学是评价学识深浅的标准，但吉宗对此不感兴趣，而且对于这方面知识的学习，吉宗十分懈怠。

当然，吉宗并非一点也不学习。他在实学，即天文学、药学、语言学等对实际生活有直接作用的学问方面表现了极大的关心。吉宗自己还学习了气象学，预测是否会发生洪涝灾害，还研究了稻米的行情。

即便如此，吉宗对于儒教中的政治理念还是深信不疑的。这种理念十分简单明了，也就是说，治国必先齐家，齐家必先修身。因此吉宗在开展财政紧缩政策的基础之上，还命令旗本、御家人①等属下在个人生活上要厉行节约。不仅是武士，就连处于被统治阶层的农民、手工业者和商人也都被严禁有任何奢华。

不过，令人钦佩的是，吉宗自身率先垂范。他减掉一次吃饭的次数，每天只吃早晚两餐，而且严格遵守三菜一汤的规矩。服饰方面，无论春夏秋冬，据说他基本上都穿棉布衣服。

吉宗的幕政改革成了江户时代所有地方诸侯的典范，他们纷纷效仿这种改革措施，社会上大行节俭之风。就在这样的一个时代，宗春就任尾张家第七代藩主。

---

① 江户初期直属将军的 1 万石以下家臣的称呼。江户中期以后，指那些直属于将军的家臣中不能直接谒见将军的下级武士。

令人震惊的施政方针

宗春就任藩主后，于享保十六年（1731）四月抵达尾张。去尾张的一个月之前，宗春把自己的著述《温知政要》（『温知政要』）发给了尾张主要的家臣。《温知政要》的内容有 21 条，阐述了宗春自己的施政方针和政治哲学。

但是，这部《温知政要》在当时可是包含了令人瞠目结舌的内容，是一部充满了危险思想的书。虽然书的内容稍微有点长，但这是宗春思想的结晶，所以笔者打算详细介绍一下。该书用通俗易懂的文体写就，全文多用日语假名。它像日本中世时净土真宗的中兴之祖莲如撰写的《御文》（『御文』）一样简明易懂。显而易见，该书在创作时所针对的对象就不仅仅是武士阶层，还包括一般的平民百姓。

在该书的起首部分，宗春就高调宣扬政治上要倡导"仁"的理念，之后他就从 21 个方面肆无忌惮地陈述了自己的所思所想。

大凡人均有好恶。（略）然以己之好为人之好，以己之恶为人之恶，如此行事，则甚为偏狭。为人君者，绝不能如此为之。

节省（俭约）之风大行于道，则慈悲之心渐薄。
不知不觉之间，非仁之行尽出，诸人甚苦，（略）反
而徒生无益之事。

急行构造（改革）之事，人心躁动，难以服众，
岂能如愿。

革故（改革）之事并非皆善举，谬误偏差在所
难免。

简而言之，以上四条想要强调的是：因为人们有自己
的好恶标准，所以把自己的想法强加于人并不是什么好
事，那样做的人并不具有作为人君的资格；只是一味节俭
反而会使老百姓痛苦不堪，结果徒劳无益；虽说是在推行
改革，但如果突然改变以前的一贯做法，人们不会听命于
此；认为改革就是真理的想法是极其危险的，这种想法会
导致各种社会问题产生。

宗春明确说道："我是不会那样去做的!"

很显然，以上各条内容说明宗春对吉宗的享保改革持
有一种批判态度，而且，其态度之激烈，令人不禁愕然。

那么，宗春究竟为何会如此大胆地贸然发出自己的挑
战宣言呢？

说实话，其中的真正原因令人不解，至今还是一个

谜。但是，并非没有线索。

将军的血统断绝时，应该由御三家来继承将军之位，这种默契是从第三代将军家光那时开始的。御三家的继承顺序依次是：尾张、纪伊、水户。

如前所述，第六代将军家宣临终之际，本想指定尾张藩藩主吉通为继任者。然而，由于新井白石对此表示强烈反对，第七代将军由家宣年幼的儿子家继接任。可是家继体弱多病，接任将军 4 年后便去世了。当然，第八代将军理应由吉通就任，可是吉通此时已不在人世。而且，吉通的儿子，即尾张第五代藩主五郎太也夭折了，所以当时吉通的弟弟继友取得了尾张藩的藩主之位。如果按照御三家继承将军的次序，将军一职应该落在继友手中。但是，继友在争夺将军之位中失败了，将军最后由纪伊藩的吉宗接任。

对于以上经过以及吉宗的所作所为，宗春很有可能从心里感到厌恶。出于这种心理，当他自己坐上尾张藩藩主的位子时，他就利用手中的权力对吉宗展开了酣畅淋漓的报复之战。

然而，毕竟宗春是纲诚的第三十四个孩子，对于他成为藩主以前的言行，历史上没有留下任何记录，所以笔者也不能妄下断论。不过，可以参考一下继友失败后松平通温的言行。通温是宗春同父异母的哥哥，只比宗春大半岁。

据传一得知继友失败的消息，通温便拍案而起，他呼吁臣下们和纪伊藩开战，对吉宗破口大骂并扬言要杀死吉宗。但是，从尾张藩的全局考虑，尾张藩的重臣们并没有理睬通温的主张。

即便如此，通温也没有停止对吉宗的咒骂。因此，畏惧幕府斥责的重臣们就把不断痛骂新任将军的通温关进了藩邸的一角，彻底封杀了他的言论。

对于尾张藩的软弱和自己遭到的冷遇，通温极其愤怒和不满。他只能借酒消愁，没日没夜地拼命饮酒，结果他变得犹如废人一般，才 35 岁就死掉了。

前面笔者讲过有一个间接证据证明继友是被暗害的，这个证据就是通温之死。通温是在继友去世的几个月前身亡的。

对于尾张藩而言，通温之死是再好不过的事情了。如果家臣们计划谋害暴君继友的话，首先得让通温死，否则就麻烦了。

如果让通温活着，那么继友死后接任藩主的就是通温。对尾张藩来说，通温是一个比继友还要危险的人物。很显然，通温能否继位属于事关尾张藩生死存亡的大问题，因此在继友死之前通温就被毒死了。

或许，聪慧的宗春已经觉察到尾张藩家臣的秘密行动。不过在成为藩主之前，宗春大概是个相当沉默寡言的人，也许他是故作愚笨。因此，在当藩主之前，历史上没有留下任何有关宗春言行的记载。这样，家臣们就可以放心地把宗春放在藩主的位置上。

虽然宗春嘴上什么都不说，他心里却深深埋藏着仇恨的种子。这种仇恨，不只是对于吉宗，还有尾张藩那些明哲保身的重臣。正是他们，才导致了和自己有血缘关系的哥哥继友以及通温的死亡。

如果不从这一点去考虑，那么就很难理解宗春继位后的令人瞠目结舌的毁灭性行为。

积极的财政政策

不管怎么说，德川宗春登上了历史的舞台。宗春初次来尾张藩，就让尾张的老百姓叹为观止。

吸引大家目光的首先是宗春的衣着打扮，他浅黄兜帽上戴着玳瑁圆形唐人斗笠，斗笠的边缘高高卷起，样式十分奇特。他从头到脚一身黑，还骑着一匹黑马，颇具异国情调。宗春就这样大摇大摆地进入了名古屋城，而且他一来到尾张藩，就废除了前任藩主继友时代发布的大部分法令和禁令。

宗春在《温知政要》中这样写道："诸般法度号令

逐年增多，自相抵触者亦不可胜数，以致法令频频，不甘其扰。"

甚而，在举国上下大行勤俭节约之时，宗春还打破了首任藩主义直以来的禁令，允许在名古屋城周边设置花街柳巷。此外，他解禁了各种文娱项目，相扑、歌舞伎、能乐、戏剧都可以在名古屋上演。并且，他还恢复了盛大的东照宫祭祀活动，也允许当地举办津马祭活动。

也许宗春的做法令家老们战栗不已，他事前完全没有和家老们商量就颁布了这一系列法令。幕府正在拼命致力于勤俭节约，严肃风纪，此时宗春大张旗鼓地公然反对，究竟会招致什么样的严厉责罚，不得而知。这可是尾张藩的一件大事。

刚开始，尾张藩的官吏都怀疑他们的主公是不是在精神上出了什么问题。然而，当重臣们得知宗春精神上一切正常时，就都一齐开始向宗春进谏，对他的政治方针提出了异议。但是宗春对他们的意见置之不理，他陆陆续续起用了星野织部等年轻人，并迅速构建了自己的亲信势力。宗春把这些年轻人作为对抗谱代重臣的屏障，以迅雷不及掩耳之势推进自己的想法和政策。

那年八月宗春回到尾张藩，他提出想亲眼观看庶民跳舞。据说宗春下令后，尾张藩的老百姓被带进宗春的府邸，从早晨六点开始一直到第二天中午为止，跳舞的人数达到好几千人。并且，他还亲自赏赐金银给舞姿优美之人，数额极其庞大。对于宗春这样的行为，不知家老们会做何感想。

在享保改革的影响下，日本其他地方的城市都笼罩在一片黑暗之下。而宗春推行的繁荣社会的政策使名古屋发出了十分耀眼的光芒。

仅仅不到一年时间，名古屋城中遍布烟花柳巷，听说其中有 700 余名妓女来自日本全国各地。剧场经常上演各种戏剧，苇箔低垂，座无虚席，其他地方的名角都慕名而来。可能是被这一切吸引的缘故吧，名古屋城下经常是人山人海。

人群聚集之处买卖也会兴隆。来自江户三井、京都大丸、近江松前屋等商铺的富豪们在名古屋竞相开分店，销售各种特产的知名店铺也聚集而来，其中就有售卖江户几代饼和伊势赤福饼的商铺。

《元文世话杂录》（『元文世話雑録』）中如此写道："神武天皇执政以来，名古屋呈现出前所未有的繁华盛景，新的剧场开始兴建，青楼女子的喧嚣声真是不绝于耳。"

《游女浓安都》（『遊女濃安都』）也这样描述："不分男女老幼高低贵贱，均生于如此奇趣之世界，当为前世之福报。佛祖显圣，菩萨现身，此世无善无恶，实属难得，难得。"

如此说来，和吉宗恰恰相反，宗春大力推行的就是这样积极鼓励商业发展的政策，结果名古屋城一下子迎来了空前的繁荣，在所有藩国中似乎只有尾张是一个独立王国。

欲望肯定论

宗春崇尚奢侈的生活，他曾断言道："上之华美，下之助益。"所以他打算消灭贫乏，并在个人生活方面把自己的这一理念付诸实践。

比如宗春外出散步时，他让扈从们身着套装，上身穿短外褂，下身穿细筒短裤。他自己则戴着大红色兜帽，身披大红色和服，胯下骑的是一头大白牛。好几名家臣扛着他那 3 米长的巨型烟枪，他一边呼呼地喷云吐雾一边招摇过市。宗春的服饰多半在京都的西阵定制，单就服装而言，可见他就极尽奢华之能事。

另外，宗春的想法也别具一格。下面，我们看看他是怎么说的。

纵有千金，难敌薄命一条。（『温知政要』）

与民同享世间乐。（『享保尾州上使留』）

　　人之好色，犹如饮食，实出于其本心也。（『御嘛書』）

　　可以看出，宗春的这些言论中蕴含着尊重人权、人人平等、个性解放的近代思想萌芽，很难想象这些都出自江户时代中期一个封建领主之口。

　　当宗春长到 18 岁时，他第一次离开尾张前往江户。他出发时有很多家臣出来沿街相送，其中就有朝日定右卫门（文左卫门之父）的身影。宗春看到朝日定右卫门后就来到他身旁亲切地招呼道："您老以后多保重身体。"可见，宗春尚在年轻时，他的内心里就蕴藏着一种设身处地为别人着想的仁爱之心。

　　宗春在纲诚的诸多子女中排名很靠后，所以他没有卷入尾张藩内部错综复杂的权力斗争。就这样，宗春怀着一颗仁爱之心登上了藩主之位，堪称奇迹。宗春的这种秉性，值得大为称道。

　　而且，宗春强烈反对用法律来一味约束人们。据说在统治尾张藩的 8 年期间，他没有执行过一次死刑，因此牢狱中关满了犯人。

　　不仅如此，对于计划殉情而失败的男女，宗春只是让他们在街头示众 3 天就免去了他们的罪行，还允许他们结为夫妇。按照幕府的法律规定，男女殉情属于重罪，更何况让他们成为夫妻。宗春的处理非常合情合理，这种在现实生活中很难有结果的爱情，就这样被他成全了。

对殉情事件的处理方式使宗春深受好评，并在歌舞伎等戏剧中广为传唱。而且，宗春的所作所为得到了老百姓的衷心拥护，以他为原型创作的木偶净琉璃戏和歌舞伎在京都很受欢迎。

事情真假不得而知，据说宗春微服出行去看过以他自己为主人公的歌舞伎等戏剧，他还改换装束去名古屋城下的青楼游玩。

对于宗春这种一反常态的言行，刚开始将军吉宗一度保持了沉默。

当然，就吉宗而言，对于宗春的这种做法他心里一定怒火中烧。然而，由于尾张藩是御三家中的老大，再加上他抢走了本应属于尾张藩藩主的将军职位，因此对于宗春实行的政策，吉宗并没有插手干预。可是，一件事的发生使吉宗的忍耐达到了极限。

享保十七年（1732）正月，宗春安之若素地向将军家进献了《温知政要》，这本在政治上批判吉宗的书完全出自宗春一人之手。而且，他把《温知政要》送到京都西堀川的出版社，意图大量印刷该书的普及版本。

为了改革，吉宗不惜赌上了自己的政治生命。在吉宗致力于改革的这个关键时期，如果人们拿到了尾张藩出版的这本在思想上直接批判和反对他改革的书，那将会带来如何恶劣的影响？宗春的做法过于胆大妄为，其危害不可估量。

可以说，宗春公然对将军吉宗进行正面挑战，已经做好宁为玉碎不为瓦全的心理准备。

结果，《温知政要》的出版计划在幕府的干预下中断。享保十七年五月，该来的终于来了，吉宗派来兴师问罪的使者来到宗春这里。

为了给嫡子国丸庆祝端午节，宗春开放了自己的府邸，并向江户的人们展示各种各样的鲤鱼旗。表面上来看，使者前来是为了此事，但实际上幕府的用意是想劝宗春改变他的反抗态度。

面对前来兴师问罪的泷川元长和石川政朝，宗春诚惶诚恐地表示歉意。但是，问题出在了后面。宗春先是希望他们不要相信社会上的那些流言蜚语，然后他的态度突然为之一变，就像换了一个人似的，开始反驳道："我并不觉得自己做错了什么事情，你们如果有什么证据就拿出来看。而且，哪条法律规定不允许老百姓们观看鲤鱼旗？我想怎么做是我个人的自由。所谓御三家，指的是尾张、纪伊和江户（将军家），这三家的地位本来都是一样的，你们派上使来岂不是有失体统？"

据说，听了宗春这番话，泷川元长等人吓得魂飞魄散，然后就灰溜溜地复命去了。

迄今为止，还没有哪个人敢如此顶撞将军。从此以后，宗春虽然多多少少有所收敛，强化了对社会风俗的管理，但是他并不打算改变自己的基本立场。他一如既往地举办规模盛大的观赏樱花和各种节日活动，并且投入巨资用于焰火晚会。即便是在参勤交代时，他也没有忘记顺便去花街柳巷逛逛。其行为不可谓不大胆。

一天，祸事突然降临了。

那是元文四年（1739）正月发生的事情，宗春接到将军吉宗命他隐退的命令，随后被关进了麴町的府邸里。据传这也是他手下重臣们联合起来发动的政变。实际上，宗春当上藩主之后，尾张藩的财政状况急转直下，由黑字变为赤字。宗春下台之前的那一年，财政赤字累积达到11万两。再这样下去的话，尾张藩迟早会破产的，所以只能采取极端手段，把宗春幽禁起来。

然而，其实早在几年前宗春似乎就已经失去政治上的权力。契机是享保十九年（1734）末，宗春突然宣布要在尾张藩内开展围猎活动，他还计划动员2万人参加这样大规模的围猎活动。所谓围猎，并不是游乐活动，而是一种军事演习。如果尾张藩真的实施围猎活动，不知幕府会怎么惩罚他们，至少也会被幕府狠狠斥责一顿。搞不好尾张藩还会被扣上谋反的罪名，遭到灭顶之灾。

绝对不能让宗春实现这样可怕的计划。除了那些对宗春没有好感的重臣以外，就连极其崇拜宗春的人们也抱成一团，强烈反对宗春的围猎计划。就这样，宗春的围猎计划泡汤了。结果宗春不但失去了权力，而且在尾张藩内被孤立了。

当然，其中的隐情并没有记载在尾张藩的正式记录里，但是像压缩青楼和剧院的发展规模，严肃社会风纪，以及对农民、商人课以重税这样的政策，肯定不会出于宗春之手。之后尾张藩推行的一系列政策表明，宗春在政治上已经没有地位。

享保二十年（1735）九月，宗春的嫡子国丸夭折了，年方 7 岁。这样一来，宗春就没有办法把他的藩主之位让给自己的嫡出后代了。国丸的死因并不为人所知，但他的突然死亡给人的感觉似乎是被尾张的重臣们暗害的。不管怎么说，宗春想把藩主之位让给国丸，然后再掌控权力东山再起的计划彻底破灭了。

在宗春失去权力之后，他在藩主的位置上又待了 4 年多。尾张的家臣集团之所以这样做，完全是为了保持尾张藩的体面。如果把宗春从藩主的位置上拉下来，这反而是当年推选宗春上位的愚蠢家臣们的耻辱，会贻笑大方的。宗春已经是一个没有任何权力的傀儡藩主，因此，也没有必要强行让他隐退。

那么，为什么到了元文四年宗春会被解职呢？笔者认为这或许是吉宗干的好事。在察觉到尾张藩发生政变后，为了一解多年以来的心头之恨，吉宗才这样做的吧。

宗春遭到幽禁的处罚后，不久就被遣送到尾张藩。作为罪人，他不得不在自己的家乡生活下去。在他长达25年的幽禁生活中，吉宗死去了，那些重臣也死去了，最后他的亲人们也一个接一个去世了。

在这长达四分之一个世纪的历史推移中，宗春有什么想法，他又过着一种什么样的生活？这些在历史上几乎都没有留下记录。

不过，笔者相信，最后宗春一定是心如止水，虽然他曾经想要对吉宗和重臣们报一箭之仇。

明和元年（1764）十月八日，宗春在幽居生活中结束一生，享年69岁。

尾张宗春犹如晴朗的夜空中突然出现的一颗彗星，他的四周散发着耀眼的光芒，他转瞬之间就消失在了漆黑一片的远方。

第三章

幕末维新的明争暗斗
纪伊家 VS 水户家

◆一桥派和南纪派
——围绕将军继承人的幕阁之争

将军家定的秘密

众所周知，在幕府末期，围绕将军家定的继任人问题，一桥派和南纪派展开了激烈的斗争。不过，这次后嗣之争，在家定刚就任将军后就马上开始了。家定就任将军时非常年轻，刚刚 30 岁，他极有可能会诞下男孩。那么，为什么会突然爆发他的继承人之争呢？

德川幕府与御三家

嘉永六年（1853）六月上旬，美国东印度舰队司令长官佩里携总统菲尔莫尔的国书航行到浦贺港，向幕府提出了门户开放的强硬要求。幕府苦思焦虑不知该如何应对，只是接受了国书，告诉佩里第二年再做答复，就打发他走了。发生这件大事不久，即该月二十二日，第十二代将军家庆去世了，享年 61 岁。

继承将军职位的是家庆的嫡子家定，国难当头，为了应对这种前所未有的局面，家定必须发挥他的领导作用。当然，幕阁对家定也抱有很大期待。但是，他们对家定的期待落空了。从家定日常的言行举止来看，让他担此重任实在过于勉强。

说到家定此人，其实并非寻常人物。他偌大一把年纪时，还在庭园里追逐白鹅嬉戏，并且会突然在随从面前亮出武器，以吓人为乐。家定脾气十分暴躁，他的所作所为往往异于常规。

而且，家定喜好烹饪，当然这并不是什么大问题，然而他制作的菜肴味道奇特，虽然难以下咽，但他还是强迫家臣去品尝。

据说有这样一件逸事。家庆卧病在床时，家定每天都为他熬粥。乍一看，家定十分孝顺，但是他随后的行为十分反常。家定在纸拉门上抠了一个洞，偷偷地看着父亲在喝自己煮的粥并暗自得意。这可真不像一个大人的样子啊！

此外，家定身体羸弱。他从小时候起就体弱多病，据说无法像正常人一样端坐。而且据说他总是表现出摇头晃脑的症状，身体上时不时发生痉挛。

毋庸置疑，表现出如此举动的家定是不可能发挥强有力的领导作用的。

那么，让我们再回到本节开头说到的那个问题吧。为何家定的继承人问题会立刻被提上议事日程？

这是因为家定没有生育孩子的能力。

中根靱负的《昨梦纪事》（『昨夢紀事』）中有这样一段记载，据说老中久世广周对越前藩藩主松平庆永这样叹息道："上（家定）之言行异于常人，在生孩子这件事情上，完全没有心思。"

家定似乎对男欢女爱毫无兴趣，这样一来，他的继承人问题自然会浮出水面。

血统？抑或才能？

不过，将军的继承人问题为何会发展到激烈的政治斗争？其实，佩里舰队到来这一重大的局势变化是其主要原因。

在将军家绝嗣的情况下，选定和将军血统最为接近的

德川幕府与御三家

人物作为继嗣是德川幕府的一贯传统。如果沿袭这一惯例，毫无疑问纪伊藩藩主庆福就是第十四代将军的最佳人选，而且庆福还是家定的从堂兄弟。

但是，国难当头，如何应对当前的紧急局势，有一种反对意见认为庆福难胜此任。为什么庆福不行呢？那是因为庆福当时还是个幼童。

大名中有人主张道："在将军的选择上，应该挑选能发挥领导作用的聪慧之人。"反对庆福继任将军的人们想推举一桥家的掌门人庆喜取而代之。

一桥家是御三卿之一，幕府的第八代将军吉宗为了使自己的血统能继承将军之位并延续千秋万代，他把自己的儿孙们作为将军家的分支，设置了御三卿，即田安家、一桥家和清水家。御三卿和御三家一样，在将军家没有直系继承人的情况下，可以从他们中间产生将军人选。

因此，一桥庆喜和纪伊庆福拥有继承将军的同等资格。

可是，庆喜实际上是前水户藩藩主齐昭的第七个儿子，他是作为养子继承一桥家的，因此与庆福相比，庆喜和将军家定的血缘关系比较远。而且水户家虽然也属于御三家，但比起尾张家和纪伊家，门第低微，俸禄不高，在将军的后继者中顺序靠后。

总之，在围绕将军继承人这一问题上，幕阁和大名们分为两派展开了斗争。

因佩里而颠覆的幕府惯例

重视血统、以谱代大名为中心的保守派推举庆福作为将军，他们被称为南纪派。与此相对，谋求改革幕府政治、以外样大名和御三家（纪伊家除外）为主的诸侯们则推举庆喜，他们被称为一桥派。

最初占据优势地位的是一桥派，因为幕府的首席老中阿部正弘支持该派。阿部正弘本来就是一个奇特的人。根据惯例，大名中执掌幕府政治的应该是谱代大名，但是阿部正弘毫不犹豫地打破了这个惯例。

阿部正弘在就任幕府第二十代首席老中后不久，就开始倾向于任用非谱代大名来参与幕政，尤其是在佩里的舰队来到日本后，他这一决心更加坚定了。阿部正弘把美国总统菲尔莫尔的国书公之于众，广泛征求外样大名和市井民众的意见，以便采取对策。结果，全国各地汇集上来 700 多条对策建议，可谓幕府建立以来的一大新鲜事。

我们也能够在政治上发表意见了！为数众多的人都尝到了参与政治的甜头。幕府末期，那些开展着过激政治活动的人被称为"志士"，他们之所以从被统治阶级和下层武士阶层中涌现出来，阿部正弘在佩里率领舰队来到日本时所执行的政治方针起了很大作用。

在政治上觉醒的不仅仅是这些志士，迄今为止，像外样大名和御三家等一直被排除在政治帷幕之外的大名们，从此以后也开始向阿部正弘建言献策。阿部正弘和他们的关系也愈加亲密，经常采纳他们的意见。因此，在保守派看来，外样大名和御三家过于放肆了。就这样，一桥派借助在政治上的迅猛发展势头，甚至开始插手将军的继承人问题。

在庆喜袭封将军这件事情上，阿部正弘给予理解并积极拥立庆喜成为将军，但遗憾的是，阿部正弘本人在安政四年（1857）病逝，年仅39岁。于是，一桥派的势力迅速消减，南纪派图谋东山再起。

掌控大奥的南纪派

对一桥派而言，最沉重的打击是南纪派完全掌控了大奥。江户时代，幕府中的大奥在政治上拥有强大的影响力，这一点毋庸置疑。因此，凡是想出人头地者，往往会把自己的亲戚，还有关系亲密的女性送到大奥里，或者拼命找门路去结识大奥中的女官。

对于大奥的重要性，一桥派也有深刻认识。因此，一桥派岛津齐彬（萨摩藩藩主）把他的养女笃姬作为正室嫁给了家定，计划通过她的关系拥立庆喜当将军。然而，失去阿部正弘这个后盾后，大奥中一桥派的势力迅速弱化，南纪派得以抬头。

据传南纪派掌握大奥的主导权后，就开始散播一桥派的魁首水户齐昭一旦进入幕阁后会产生的祸患。

齐昭是水户藩第九代藩主，此人刚当上藩主，就断然开始实行藩政改革。而且，众所周知，幕府老中水野忠邦实行的天保改革，就是受到了齐昭改革的触动，在改革措施方面水户藩对他的影响也很大。不过，由于齐昭的改革过于激进，最后遭到了水户藩内部保守派的强烈反对，他被迫从藩主之位上退下来。

但是，阿部正弘就任首席老中后，齐昭的政治能力受到欣赏，他在幕政上为阿部正弘建言献策，从而东山再起。

于是，南纪派就吓唬大奥那边说："如果一桥庆喜当上了将军，那么他的亲生父亲齐昭就会掌握幕府的实权。这样一来齐昭肯定会实施幕政改革，大奥的预算必定会遭到大幅度削减，蒙受沉重打击。"

最不愿看到幕府发生改革的就是大奥了，南纪派的吓唬起到了立竿见影的效果。就这样，以阿部正弘之死为契机，南纪派控制了幕阁和大奥，在将军继任者之争中取得了绝对优势。

策划卷土重来的一桥派

虽然面临这种不利局面，但一桥派并没有死心。他们从幕府内部的势力之争中抽出身来，转而寻求京都朝廷的帮助，意图一举挽回劣势。

当时的天皇是孝明帝，孝明天皇极其厌恶洋人，到死也不允许他们踏上日本的土地。因此，在阿部正弘的继任者首席老中堀田正睦奏请孝明天皇敕准《日美友好通商条约》（『日米修好通商条约』）时，天皇断然拒绝了这一请求。

所谓得到朝廷的敕许，对幕府而言毕竟只是一种形式上、礼节上的东西，但进入江户时代以来，天皇拒绝批准幕府奏请这样的事情，还是第一次出现，令人感到十分意外。对此，堀田正睦只好闭口不谈。

天皇拒绝批准幕府奏请这件事传到社会上，人们从而知道了朝廷的重要性。此后，在攘夷这个问题上取得共识的人们聚集在朝廷那边，不久后就形成了致力于拥护朝廷、建立新政权的倒幕派。当然，这就是后话了。

总之，一桥派没有忽视朝廷势力扩张的动向。他们计划奏请朝廷向幕府下达关于将军继嗣问题的敕令。当然，敕令的内容是希望庆喜成为将军。为了做通朝廷的工作，松平庆永的部下桥本左内和岛津齐彬的家臣西乡隆盛等人都竭力四方奔走。

可是，南纪派中有人察觉了这一动向，此人就是彦根藩的藩主井伊直弼。为了阻止一桥派的这个计划，井伊直弼派遣手下的宠臣长野义言去了京都。长野义言作为谋士，有着十分卓越的才能。长野义言接触到了关白九条尚忠，并成功说服他帮助南纪派，非常漂亮地粉碎了一桥派的秘密计划。

结果，天皇的敕令确实下达到了幕府。不过，问题出在敕令的内容上。敕令的开头有这样一句话："期冀遴选出极具英明、有威望且年长的人成为将军。"不用说，这句话暗含的意思就是推荐一桥庆喜。如果该敕令原封不动地交到幕阁手里，那么庆喜就任将军的可能性自然会很大。但是幕府接到的敕令中，这句话却莫名其妙地消失了。

在关白九条尚忠的独断专行下，这句话被删掉了。当然，这都是长野义言在背后策动的结果。

就这样，即便在朝廷那边，一桥派也败在了南纪派手下。

井伊直弼就任大老及大清洗

一桥派虽然连续遭受惨败，但南纪派突然给了一桥派一个机会，那就是首席老中堀田正睦开始接近一桥派。

原本堀田正睦喜欢西方，他倾向于打开国门、对外开放，曾被称为"荷兰通"。因此，他与倡导尊皇攘夷的一桥派并不相容。但是，为了能够让朝廷批准和外国签订的条约，他就不顾一切地去接近一桥派了。

堀田正睦的计划是让一桥派的松平庆永成为大老（幕府的临时最高职位）、庆喜当上将军，然后借助在朝廷里拥有强大势力的一桥派的力量，得到天皇批准条约的敕许。

可是，他的这种动向已经被南纪派掌握，该派的核心人物松平忠固和大奥联手策划了秘密政变。安政五年（1858）四月二十三日清晨，南纪派的首领井伊直弼被将军家定突然任命为大老。

五月一日，家定召集幕阁，在内部传达立纪伊庆福为将军继承人的决定。至此，在南纪派面前，一桥派彻底失败了。

六月十九日，井伊直弼大老在没有得到朝廷敕许的情况下擅自决定在《日美友好通商条约》上签字。得知此事后，一桥派的大名们怒不可遏，他们有的跑到井伊直弼的府邸大喊大叫，有的一路追赶井伊直弼，直至擅闯江户城。

在一桥派强烈追究井伊直弼责任的背后，有这样的企图，即通过责难他没有得到朝廷的敕许就擅自在条约上签字，从而使井伊直弼答应一桥派的交换条件，让庆喜坐上将军的位置。由于将军的继承人还没有正式公布，一桥派觉得或许还有改变的可能。但是，井伊直弼的态度十分强硬。

六月二十五日，随着幕府正式公布庆福继任将军的决定，一桥派的官员们悉数遭到处罚，他们在幕府内的势力荡然无存。

水户齐昭遭到幽禁，禁止和家人及家臣见面；尾张的德川庆恕和松平庆永被强行隐退，也遭到了幽禁，禁止和家人及家臣见面；一桥庆喜则被勒令不准到江户城来。资历较浅的官员们中，有的人还被判处了死刑。人们常说的"安政大狱"，其实就是一种彻底的大清洗。

然而，井伊直弼采取的这种高压手段，导致他的死期迅速到来。安政七年（1860）三月三日，十几名追随水户齐昭的武士在井伊直弼去江户城的路上袭击了他。结果，井伊直弼在樱田门外身首异处。

五个月后，目睹井伊直弼下场的水户齐昭逝世。遗憾的是，他没有看到自己的儿子庆喜当上将军的模样。不过，他或许应该感到庆幸。因为后来成为将军的庆喜被齐昭一贯敬仰的朝廷扣上了叛逆的帽子，除了被迫交出政权外，还被幽禁起来。

◆悔恨之泪
——家茂辞去将军事件

两个将军

庆应二年（1866）七月二十日，第十四代将军家茂（庆福）在大坂城突然亡故，年仅 21 岁。由于他是在第二次讨伐长州藩战争的关键时期死去，所以对幕府来说可谓事态极其严重。

不久，关于家茂猝死一事，坊间开始流传一种非常奇怪的说法，据说他是被时任禁卫守卫总督的前将军监护人一桥庆喜毒死的。

家茂的死因，幕府的御医诊断为脚气冲心，这是因为极度缺乏维生素 B_1 而引发的病症。

维生素 B_1 为水溶性维生素，无法在体内长期存留。由于维生素 B_1 会完全通过尿液排出体外，所以人体有必要经常从食物中补充该物质。如果缺乏维生素 B_1，就会导致全身开始出现各种症状，比如浑身乏力，容易疲倦，多发胸闷、心悸，手足严重浮肿，皮下黏膜容易出血等。

这种疾病十分可怕，如果持续缺乏维生素 B_1 达到 20 天以上，人体内的维生素 B_1 就会消耗殆尽。根据个人体质，有的情况下会导致脑部疾病发作，最终因突发心力衰竭而死亡。当然，如果给病人补充维生素 B_1，这种疾病就能够治愈，但在当时人们并不具备这种科学知识。

顺便提一下，由于脚气病多发于生活富裕的人群之中，所以这种病也被称为富贵病。其原因在于主食，在那个时代能够以精米作为主食的人们多为富裕阶层。糙米在精制的过程中，其中含有的维生素 B_1 会被去除，所以富裕阶层中多出现因患脚气病而死亡的患者。

或许家茂就是因为患上了脑部疾病，突发心力衰竭而丧命的吧。从他的症状来看，他很像是被毒死的，因此毒害一说就广为流传。可能由于庆喜和家茂之间积怨已久，难以消除，所以大家才怀疑是他毒死了家茂。

如前所述，这件事情的起因归根结底还是和围绕将军家定继嗣问题的幕阁之争有关。保守派（谱代大名）推举年幼的纪伊藩藩主庆福（后改名家茂），与此相对，改革派（御三家、亲藩和外样等雄藩）则推举水户藩藩主德川齐昭的儿子，即后来成为一桥家养子的庆喜。

这两大势力暗地里展开了激烈的斗争，在保守派的老大井伊直弼就任大老后，两派之间的平衡状态被一举打破。井伊直弼强行决定庆福为幕府继任将军，并彻底镇压了那些反对他的改革派的人。

但是，保守派统治天下的时间也并不长久。安政七年（1860）三月三日，井伊直弼在去江户城的路上遭到了十几名水户浪士的袭击，在樱田门外被一下子砍掉了脑袋。就这样，以谱代大名为主的保守派突然失势，雄藩和亲藩大名开始直接介入幕府政治。

文久二年（1862），岛津久光（萨摩藩藩主的亲生父亲）实行的文久改革就是其中一个很好的例子。

岛津久光决意重整因开放国门而陷入一片混乱的幕府政治，他奉敕命率领大军前往江户，逼迫幕府立刻着手进行政治改革。

自德川幕府创建以来，和外样大名有关的人插手幕府政治，这还是第一次。而且，不经江户政府许可就擅自率领外样大名的大批士兵进入江户，对于幕府，尤其是对于幕府的保守派而言，可谓颜面尽失。

在岛津久光的要求下，幕府实行了文久改革，人事改革是这次改革中最吸引眼球的地方。此时，才能卓越的人被放在了幕府新设置的要职上。庆喜就任辅佐将军的职位，他终于给自己遭受冷遇的人生画上了句号。

庆喜在幼年时期就以聪慧而名声在外，他卓越的政治才能更是超乎人们的想象。特别是在尊皇攘夷的风暴席卷京都的这个关键时刻，庆喜在幕府和朝廷之间巧妙斡旋，积极推进公武合体政策①。

以孝明天皇为首的朝廷中的亲幕派非常重视这股势力，元治元年（1864），庆喜被朝廷任命为禁卫守卫总督一职。

这个职位从字面意义来看，可以称为守护朝廷的负责人。然而，由于庆喜得到朝廷如此厚待，随着他在京都的势力不断扩大，远在江户的幕府保守派的老中们对庆喜的疑心也似乎越来越重。

据说幕府里传出了这样一种忧惧的声音："一桥庆喜是不是要尊奉天皇，举起反对幕府的旗帜？他会不会要建立以天皇为中心的新政权，并成为新政权的领导人呢？"

保守派老中阿部正外和本庄宗秀认为就这样把庆喜留在京都听之任之是一件十分危险的事情，所以他们在元治二年（1865）二月，率领大军来到京都，以将军家茂的名义命令庆喜回到江户。

但是，庆喜拒绝了这道命令。不仅如此，他还暗地里在关系密切的朝廷四处活动。结果，阿部正外和本庄宗秀突然被召进宫中，关白二条齐敬言辞激烈地申斥他们："庆喜公是在代替将军家茂守卫京都之地，突然令其回去

---

① 又称公武合体论，是指江户时代末期，幕府图谋借助朝廷（天皇）的权威共同抵御外敌，重建幕府体制的构想。

实在不可理喻。朝廷不能认可这一行为，而且你们二人事前没有任何通报就擅自率领大军前来京都，居心何在？成何体统？"

于是，老中阿部正外和本庄宗秀就灰溜溜地撤回江户了。

继樱田门外之变后还发生了坂下门外之变。1862 年，尊攘派的水户浪士们在江户的坂下门外袭击了公武合体派的老中安藤信正。幕府由此威严扫地，可以说两次事件的发生，象征着朝廷的威望已经压过幕府。不管怎么说，借助朝廷的势力，一桥庆喜所拥有的强大力量已经远远超过幕府老中们的想象。

当时，世上的人们都戏称幕府里面有两位将军。一个是居住在江户城的家茂，不用说，另外一个则是住在京都的一桥庆喜。

史无前例的辞职请求

如前所述，庆应二年（1866）五月，将军家茂为了指挥第二次讨伐长州藩的战争，率领幕府军队进入了大坂城。

家茂行军途中流言四起，说是庆喜企图暗杀他，于是将军的亲信们都提高了警惕，把神经绷得紧紧的。如果想起这件事，那么家茂去世以后，出现他是被庆喜毒死的这种说法也并非毫无道理。

在日本关东地区，似乎很难亲身感觉到京都和西部地区发生的时势上的巨大变化。尽管如此，幕阁也过于放松了。在大坂城，幕府的老中们也没有就征伐长州藩一事展开认真的讨论。他们心想：将军大人特意来到大坂城，要不了多久，长州藩一定会摄于将军的神威而主动前来投降吧。

就这样，幕府的阁僚们在无所事事中过着舒心的日子。同年九月，突然发生了一件出乎众人意料的大事，令人十分震惊。

英、法、荷、美四国的公使突然率领舰队进入兵库的神户港，他们通告幕府说："1863 年约定开港的兵库地区到现在也迟迟没有开放，这到底是什么原因？而且，《日美友好通商条约》什么时候能得到朝廷的敕许？幕府真的会遵守约定吗？要是还不能立刻得到敕许和开港承诺的话，我们就自己去京都和朝廷直接谈判！"

这分明就是一种恫吓。

如果事情发展到这种地步，幕府就会丧失作为全国政权存在的意义，也会助长讨幕派诸藩的气焰。为了幕府的威信，必须拼命阻止外国的这种行为。因此，老中阿部正外和松前崇广在将军家茂的授权下，决定由幕府擅自决定在兵库地区开港。

来到大坂的庆喜得知这个决定后十分惊惧，他态度十分强硬地立刻反对道："你们如果那么做的话，就只能给天皇带来坏印象，在幕府和朝廷之间造成深深的裂痕。当然其他藩国也不会赞同，势必会发生大乱。首先应该竭尽全力说服朝廷并得到朝廷的敕许，这才是先决条件。"

但是阿部正外和松前崇广以时间紧迫为由拒绝改变幕府的决定，和庆喜展开了长时间的激烈争论，双方都固执己见，互不相让。

目睹眼前发生的这场激烈冲突，将军家茂虽然处在权力的巅峰，但据说他因自己的无能为力而流下了悔恨的泪水，他说："随你们的便吧。"

结果，若年寄立花种恭和各国公使达成了条件，请他们再宽限十日。为此，将军家茂直接到京都去获得朝廷的敕许，庆喜则即刻离开大坂城去京都，做和朝廷交涉的准备。

然而，庆喜出发之后，幕阁却又改了主意，迟迟看不到将军前往京都的样子。

得知幕府言而无信，庆喜勃然大怒，他认为阿部正外和松前崇广就是幕府的癌变所在，欲处之而后快。于是他在朝廷巧妙地展开秘密活动，让朝廷下旨，令将军家茂罢免这二人。

这道命令给幕府带来了前所未有的冲击，江户开幕以来，天皇还是第一次下令免去老中的职务。毫无疑问，幕府官员的任免权本应属于将军。不管怎么说，这都是朝廷的越权行为。这次，就连年轻的家茂将军也拍案而起了，虽然他的性格温厚敦良并一贯被庆喜小视。

家茂竟然向朝廷提出辞职的请求，然后迅速丢下大坂城，开始踏上回江户的道路。以前还从没有将军向朝廷提出辞职的请求，而且家茂在辞呈上附带了一句话："我推荐一桥庆喜为下任将军。"

这是家茂对于朝廷越权罢免幕府老中的抗议行为，同时表达了他对庆喜的极度厌恶之情。

知道此事后，庆喜极度震惊。过犹不及，他这剂药下得太猛了。庆喜马上出发去追赶将军，一直追到伏见才终于追上。庆喜向家茂死命哀求道："我一定会拿到敕许的，请您务必打消辞去将军职务的念头。"

看在庆喜苦苦哀求的份上，家茂停下了东归的脚步，又回到了大坂城。

最后，在兵库开港这件事情上，虽然没有得到朝廷的允诺，但由于庆喜的连哄带吓，他成功说服朝廷批准了《日美友好通商条约》。从此，庆喜的名声越来越大。

家茂的遗言

庆应二年（1866）二月，来自幕府和诸藩的联军攻入了长州藩内。但是，战斗进展并不顺利，友军战败的消息不断传入家茂的耳中。

因此，似乎由于操心过多，疾病在一步步侵蚀着家茂的身体。他从四月份开始感到胸痛，虽然暂时得以痊愈，但到了六月份病情愈加严重。即便如此，据说家茂为了鼓舞友军的士气，他还是连日出现在士兵们面前，视察他们训练时的情况。

然而，如此勉强自己的结果只是加速了病情的恶化，到了六月底，家茂双腿浮肿，举步维艰。进入七月，家茂陷入病危状态；同月二十日，终于撒手人寰。

将军家茂之死被隐匿了很长一段时间，因为此时正处于征伐长州藩的关键时期，而且家茂生前也没有正式选定将军的继承人。只有在迅速选定继嗣之后，才能公开将军的死讯。

不用说，列在候选人第一位的是一桥庆喜，他在京都的政坛上十分活跃，拥有成为将军的实力。但是，前面我们讲过，江户的保守派并不喜欢庆喜。而且更为麻烦的是，大奥那边反对庆喜的观念更是根深蒂固。

曾经，庆喜在和家茂的将军职位之争中败下阵来，就是因为大奥纠集起了强大的反对庆喜的势力。本书已经讲过，庆喜之所以如此被大奥讨厌，是因为他是前任水户藩藩主德川齐昭的儿子。

齐昭在水户藩断然实行藩政改革，他认为这种改革也适合幕政改革，结果推动幕府老中水野忠邦实行了天保改革。众所周知，天保改革发布了非常严苛的节约法令，大奥的经费也毫无例外地遭到无情削减，蒙受了极大损失。

如果庆喜之辈当上了将军，显然他的亲生父亲齐昭就会直接干预幕府政治。这样的话，他肯定会实行比天保时代还要苛刻的裁减预算的政策。因此，大奥想方设法也要拼命阻止庆喜当上将军。

将军家茂去世时，齐昭已经故去。但由于庆喜是齐昭的儿子，所以他在大奥那里评价不高。大奥是不喜欢发生什么改变的，她们心里有这样畏惧的想法：如果庆喜就任将军，一定不会让大奥消停的。

话说回来，在出发征讨长州藩的前夜，家茂告诉老女①泷山（大奥中的实权派）："我如果遭遇不测，立田安龟之助（后来的德川家达，时年 4 岁）为将军继承人。"

龟之助是第十一代将军家齐的曾孙，他和第十三代将

---

① 侍女长，老女。在武家或贵族家里担任侍女头目，负责管理的年长女性。

军家定是从堂兄弟，和庆喜相比，他的血统更接近德川将军家的血统。

然而，另一方面，在家茂打算辞去将军职务之际，虽然他很讨厌庆喜，但还是把庆喜推荐给了朝廷，让他做继任将军的候选人。考虑到如今这个时期政治上的混乱情况，很明显让一桥庆喜就任第十五代将军才是最为明智之举，因为只有庆喜才拥有收拾局面的政治手腕。

实际上，这样考虑的有识之士占多数，连日来有很多人来到庆喜那里劝他继任将军一职。但是庆喜说了这样一番话：

> 余对大奥及诸有司颇为忧虑，若余继任将军，上述人等是否会有所妥协，余忧更甚。（『昔夢会筆記·德川慶喜公回想談』渋沢栄一編·平凡社東洋文庫）
>
> 世上相传余素有野心，余心甚苦（中略）继承将军职位此事，余断然难以接受。（『德川慶喜公伝』渋沢栄一著·平凡社東洋文庫）

尽管周围的人们强烈推举庆喜成为将军，但他一直坚辞不受。

越前藩藩主松平庆永（春岳）这样揶揄庆喜的性格："有句俗话叫'酒不劝，喝不下'，只要劝到了家，他就会接纳。"

这就像参加酒宴时，有人举着酒盅，虽然他嘴里说着已经够了并加以拒绝，但最后他还是勉勉强强地说"既然你如此相劝"，便让对方斟上酒并一饮而尽。庆喜就是这样的主儿，他早晚会接受将军这个职位的。

但是，庆喜人很聪明，他预料到幕府的寿命不会太长久了。所以，国难当头，面对幕府的困境，庆喜最初似乎对自己当将军这件事一直踟蹰不定。

然而，最后庆喜还是接受了将军的任命，也就是说，一切都让松平庆永说中了。

正室和宫的助力

庆应二年（1866）七月二十日，家茂刚一去世，庆喜就召来心腹原市之进多次密谈。而且，他巧妙地把继承德川本家和就任将军一事分开处理。

迄今为止，继承德川本家就意味着同时袭封将军一职。这次刻意把两者分开对待，是因为庆喜只想继承德川本家的衣钵。

通过这种方式，可以削弱大奥等反对派的势力，在政治上占据优势。

另一方面，这个时候，围绕着继承将军一事，江户的大奥中开始出现了裂痕。当时大奥分为三派，即老女派、天璋院派及和宫派。老女派属于辅佐幕府的保守派；天璋院则是将军家定的正室，来自萨摩藩；和宫是家茂的正室、孝明天皇的妹妹。

毋庸置疑，老女派自始至终都很讨厌出身于水户的庆喜，另外，萨摩藩已经与长州藩结成同盟，在秘密策划推翻幕府的活动。因此，让精明的庆喜当上将军十分不利。所以，在阻止庆喜成为将军这件事上，出身于萨摩门阀的天璋院派和保守的老女派在利害关系上取得了一致，他们竭力拥戴田安龟之助成为将军。

与此相对，由于家茂的正室和宫是孝明天皇的亲妹妹，而孝明天皇又敬重庆喜，她即便无法直接说出庆喜的名字，但还是暗地里向幕阁举荐庆喜。

观现今之局势，吾深忧年幼之人（龟之助）如何应对，其身边当有行监护职责之确定之人，否则必生大事，此人应以天下为己任。（『御侧日记』）

当然，老女派也不会认输，她们再三逼迫属于庆喜派的老中板仓胜静："家茂公在遗言中说要立田安大人为将军，所以应该速速让他继将军之位。"

同时，老女派也在御三家的尾张藩和水户藩展开秘密活动，以阻止庆喜当上将军。而且，在下一任将军的人选问题上，天璋院也劝说幕府的阁僚们："应遵从家茂将军的遗命，让田安大人接任下一任将军。"

此外，天璋院还私下与和宫会面，想促使她改变主意。

在大奥的这场纷争中，老女派和天璋院派的联合派一度占了上风，因为连和宫也同意了应该遵从家茂将军的遗命。

但是，由于幕府上层有识之士的支持，再加上老中板仓胜静的巧妙斡旋，江户幕阁决定拥立庆喜为将军。他们答应让龟之助成为庆喜的继承人，以此说服了老女派和天璋院派。从此，反对庆喜继任将军的活动终于告一段落，庆喜得以袭封将军。

末代将军的悲剧

庆喜就任第十五代将军之际，他的脑海里似乎在描绘着一幅激动人心的画面。那就是自己亲率幕府军队攻入长州藩内，控制长州藩并使毛利氏屈服。只有这样，他才能声名大振，坐上将军的宝座。庆喜本质上就是一个理想主义者。

庆喜把这场战争称为"大攻陷"，他在将士们面前慷慨激昂地演说道："既然我亲自出征，哪怕是战到一骑一人，也要攻陷敌方阵地。因此，诸位也要以此决心随我冲锋！"

然而，事态的发展并非像想象的那么顺利。庆喜在出征前一天得到报告说，幕府讨逆军的根据地小仓城在长州军的进攻下陷落了，作为指挥官的老中小笠原长行也落荒而逃。听闻此讯，庆喜一下子没了精神，他立刻中止了"大攻陷"。此事说来颇具讽刺意味，庆喜性格中原本就有灵活善变的一面，他一直是引以为豪的。

庆喜的这个美梦虽然无法实现，但他下一步想利用朝廷的权威就任将军，于是庆喜就命他的心腹原市之进开展秘密的政治工作。

另一方面，萨摩藩也想利用幕府征讨长州藩失败为契机，一举推翻幕府，他们把智慧超群的说客大久保一藏（后改名为利通）派到朝廷，试图阻止庆喜成为将军。

其中明争暗斗的详情，笔者会在他处讲述，但从结果来看，作为说客，还是原市之进更高一筹。

庆喜成功主导了在朝廷召开的地方诸侯会议，进而在除服（为将军家茂守孝）进宫觐见天皇时，他成功地从朝廷获得了与将军同样的礼遇。

而且，原市之进还连日去游说各个大名，结果他们纷纷向朝廷提交"希望庆喜公成为下任将军"的奏折。经过这些步骤，最后孝明天皇说：

朕欲宣旨令德川中纳言（庆喜）接任（将军），纵然其坚辞不受，此次务必遵从内意。（『德川庆喜公传』涩泽荣一著）

为了回应天皇的内意，庆喜允诺接受将军的任命。十二月五日天皇下旨后，庆喜成为幕府第十五代将军。

然而，孝明天皇下旨仅仅二十天后就突然驾崩了，庆喜失去了最大的后盾。据说，孝明天皇是被倒幕派毒死的。

此外，更糟糕的是，第二年的庆应三年（1867）八月，立下大功的庆喜的心腹原市之进也去世了，他或许是被幕府官员暗杀的。庆喜在朝廷内的势力突然减弱，十月，他不得不接受大政奉还的旨意。

为了当上将军，庆喜不惜违背家茂的遗言。但最终的结局是，他在明治维新后背上了朝廷"逆贼"的骂名，并在此后的数十年内举步维艰。

◆背后的实权派——让庆喜成为将军的男子的生与死

过激分子的青年时代

幕府的"目付"① ——原市之进于京都被暗杀是在庆应三年（1867）八月十四日的拂晓时分。

---

① 日本室町时代以后设立的武士官职名，主要发挥监察作用，在江户时代的职责是监督旗本及下级武士。

德川幕府与御三家

这件事就发生在德川庆喜决心实行大政奉还的两个月前，如果原市之进还活着，或许幕府的政权不会在那时还给天皇。既然我们能这样去想象，可见在幕府末期原市之进的存在有多么重要。

当时，为了挽回幕府的权威，作为庆喜的心腹，原市之进对朝廷做了大量的秘密工作。可以说，在阻止倒幕派（萨摩长州）势力的抬头上，多亏了原市之进那高明的政治手段。

对幕府而言，原市之进就是如此重要的一个人物，杀死他的是在江户的幕臣。在那个刺客的斩奸状里有这样一句话：原市之进强迫朝廷敕许兵库开港是不可饶恕的。这就是愚不可及的攘夷主义者犯下的罪行。

得知凶变的越前藩藩主松平庆永如此叹息：

> 人才难得，真是令人惋惜。我本以为是其他藩国的人所为，熟料竟然是幕臣下此毒手，其痛尤甚。（『德川慶喜公伝4』渋沢栄一著·平凡社東洋文庫）

原市之进并非幕臣，他出生在水户藩。他的父亲是原雅言，曾官至水户藩的勘定奉行①。原市之进是原雅言的

---

① 幕府或地方大名设置的官职名，主要负责钱财、谷物等财政工作。

次子，出生于文政十三年（1830）。他出生时正值烈公①
德川齐昭治理水户藩初期，这对原市之进的未来发展是一
件幸事。因为通常来说，次子终其一生是没有什么权力和
地位的，但是齐昭不拘一格降人才，为他打开了通向仕途
的大门。

原市之进因其青年才俊而名满一时。嘉永六年
（1853），俄国的普佳京（Putyatin）来到长崎，在齐昭的
一再恳求下，幕府负责接待任务的川路圣谟把原市之进也
一起带了过去，好让他开阔眼界。

安政二年（1855），原市之进成为弘道馆（水户藩的
藩校）舍长，第二年在水户城下的西伍轩还开设了菁莪
塾。当时，把兴办教育的着眼点放在财政经济等实学上的
做法十分罕见，据传菁莪塾一时名声大噪，其门下弟子竟
多达 500 余人。涩泽荣一所著《德川庆喜公传》中这样
形容菁莪塾——"其盛况古今无可比拟"。菁莪塾人才辈
出，万延到元治年间，水户藩的勤王志士十分活跃，他们
大多来自菁莪塾。

后来原市之进就任弘道馆训导、徒士，之后晋升为将
军的扈从、机密录事，最后成了将军的随从武士。

原市之进是激进的尊攘主义者，他的表兄藤田东湖是

———

① 德川齐昭的谥号。

水户学的中心人物，藤田东湖给原市之进灌输了不少尊攘思想，同时，原市之进也接受了同为水户学大家——会泽正志斋的熏陶。

而且，原市之进性格上本来就有血气方刚的一面。据说藩主齐昭遭到幕府大老井伊直弼幽禁时，他亲率门下十几名弟子飞奔到江户，在齐昭位于江户的府邸内外担任护卫。此外，当攘夷的密敕下达到水户藩后，水户藩屈从于幕府的压力，决定原封不动退回天皇的敕令时，原市之进写下 10 条反对意见交了上去。对于水户藩官员的软弱立场，他提出了强烈非难。

文久元年（1861），水户、长州两藩的忧国之士发誓要执行攘夷政策，秘密结成了生死同盟，在缔结同盟过程中起到核心作用的就是原市之进。

文久二年（1862）正月，老中安藤信正在坂下门外之变中遭到水户浪士的袭击受了伤，这件事似乎与原市之进也有很大关系。

在攘夷的密敕下达到水户藩时，恐吓水户藩并令其退回敕令的始作俑者就是安藤信正，因此原市之进是不会允许他活下去的。刺客们持有的《斩奸罪状书》其实就是原市之进起草的。有一种传闻说，虽然原市之进没有公开露面，但在背后操纵袭击事件的就是原市之进本人。

像原市之进这样如此执着的尊攘主义者，仅仅在 5 年之后，就被同样信奉尊攘主义的人们杀掉，想想人的命运真是多舛难测。

与尊攘思想诀别

文久二年十二月十一日与一桥庆喜（齐昭的第七子）相会这件事情，彻底改变了原市之进的人生。原市之进跟随家老大场景淑在江户与水户藩藩主庆笃会面时，庆笃的亲弟弟庆喜当时也在场。

原市之进当场公开了一直藏匿着的朝廷下达给水户藩的两封敕书，并给大家做了解读。同时，他还就尊攘一事慷慨陈词。在一旁听着的庆喜感觉这就是天意，以至于喜极而泣。

对于当时的感想，庆喜后来在给他兄长池田庆德的书信中说道："窃以为原市之进实乃诚忠之士。"时年，庆喜刚一就任将军辅佐这一幕府的重要职务，就开始寻找辅佐他的人才。庆喜心想：无论如何，我都要拥有原市之进。

另一方面，关于原市之进，内藤耻叟的《悔惭录》（『悔慚録』）中这样记述道："素有宏愿，胸怀出仕幕府、问政于天下之志。"

因为原市之进未来的梦想是参与幕府政治，所以这对他而言真是一个求之不得的绝佳机会。

第二年，原市之进跟随水户藩藩主去京都，他留在京都成了庆喜的近侍。元治元年（1864）三月，以庆喜就任禁卫守卫总督为契机，原市之进正式成为一桥家的家臣。

正如《德川庆喜公传》中所写的那样："尔后，参与帷幄，处理机要，辅佐主公左右。"此后，原市之进作为庆喜的参谋，为政3年，取得了令人瞩目的成绩。

同年四月，一件值得忧虑的事情传到了在京都的原市之进那里。

据说水户藩的天狗党（尊攘派）毅然决定举起攘夷大旗，在筑波山起兵造反。天狗党中有很多原市之进的门徒，而且连原市之进的亲弟弟也参与其中。这时，幕府派出以田沼意尊为大将的军队前往讨伐。

原市之进对此十分失望，他说："难道我们水户藩也不能免除灭顶之灾吗？如今天下纷争至极，有志之士理应积蓄实力，竭尽全力加以周旋，待时机成熟之日再有所作为。如此轻举妄动，自误大计，令人深感痛心。"（《德川庆喜公传》）

十一月底，事态发展急剧恶化，局面愈发不可收拾。为了向庆喜诉说攘夷的方针，天狗党的军队开始朝着位于日本西部的京都进军。

幕阁里开始流传这样的谣言："暗中操纵天狗党让幕

府陷入混乱，决心攘夷的一定是一桥庆喜。"此外，也传出了应该马上处罚庆喜的声音。而且，从庆喜作为禁卫守卫总督的立场上来看，来自他家乡的人们去扰乱京都的治安，庆喜是无法对朝廷做出解释的。

就这样，庆喜突然陷入了一场政治危机。听起来虽然冷酷无情，但打破这种僵局只有一个办法，那就是让庆喜亲自上阵去讨伐天狗党。做出这样的选择虽然十分痛苦，但为了避免庆喜下台，只能如此行事。正因为原市之进对这一切都非常了解，所以他才会苦恼不堪。然而，原市之进还是决定向庆喜建言献策，让他本人亲自出征。

十二月三日，得到敕许的庆喜率领各个藩国奔赴讨伐天狗党的前线。原市之进也随军同行，他秘密派遣使者到天狗党的首领武田耕云斋那里，劝说武田耕云斋投降。武田耕云斋曾经是原市之进的上司，也是提拔原市之进的恩人。在他钟爱部下的说服下，武田耕云斋终于屈服了，天狗党放下武器向加贺藩投降。

理解攘夷思想的大名们虽然希望庆喜对天狗党做出宽大处理，但是庆喜毫无保留地把处置权交给了幕府的田沼意尊，自己抽身而退。

结果以武田耕云斋为首的天狗党成员悉数遭到虐待或者严刑拷打，他们都被处以重刑，其中有 350 人被斩首，剩下的一干人等则被发配、流放。据说上到老母，下到幼童，武田耕云斋的家人全被处以极刑。庆喜事前应该预料到事态会发展到如此地步，那么他为什么不亲自担负起处置天狗党的责任呢？也许，他是为了自保吧。

因此，庆喜的做法遭到了大家的一致批评。《德川庆喜公传》中写道："众皆灰心失望，纷纷非议（庆喜）有悖人情，批评之声不绝于耳。"庆喜的声望虽然一落千丈，但是通过无情抛弃天狗党的做法，他免除了在政治上倒台的担忧。

对于武田耕云斋一族遭到严惩这件事，原市之进恐怕备感震惊吧。有这样一种说法：至少是为了赎罪，原市之进派人把武田耕云斋的一个遗孤偷偷救了出来并暗自抚养。

虽然萨摩藩的重野厚之丞如此评价原市之进："性缜密，老练沉稳，喜怒不形于色。"（《德川庆喜公传》）但是听说在发生天狗党事件之后，原市之进更是神色凝重，他那张脸就像能剧中人物戴的面具一样，表情僵化，很少对外流露出自己的真实情感。

庆喜的心腹

庆应二年（1866）七月二十日，将军家茂在大坂城病故。当时正值第二次讨伐长州藩战争的关键时期，在长州藩面前，幕府军队接二连三地败下阵来。同年正月，萨摩藩和长州藩还秘密联合起来。

在幕府面临的重重困境下，下一任将军的最佳人选就是一桥庆喜，但是庆喜一直拒绝接任将军职位。

庆喜对原市之进坦然相告："德川家再想像往常那样延续下去，显然是不现实的。"（《德川庆喜公传》）

然后他又抛出了一个令人吃惊的问题："值此之际，我想废除幕府，实行王政复古，如何？"（《德川庆喜公传》）

庆喜可不是傻瓜，他清醒地认识到，幕府倒台只是时间问题。他下定决心道："若如此，索性就把幕府手中的大权奉还给朝廷，如何？"

听闻此言，原市之进慌了。他的梦想是统领天下政治。庆喜当上将军后，他的这一梦想就会变成现实。但是如果现在就把权力还给朝廷，那么他的理想就灰飞烟灭了。无论如何，他必须改变主公庆喜的想法。

因此，他说道："您的想法可谓深谋远虑，但绝不可向外人道之。"原市之进严肃地劝说庆喜不要再提此事，以防倒幕派得知。他心中盘算着如何让庆喜答应就任将军。很快，他就想到了一个绝妙的主意。

迄今为止，继承德川本家就意味着成为将军。原市之进把这两件事分开，他首先说服庆喜只继承德川本家即可。

德川本家十分强大，因此其掌门人就意味着日本的霸主。假如庆喜不想当将军，即使他把政权返还给朝廷，新成立的朝廷政权也不可能无视德川氏的存在，庆喜必然会被推举为新政权的领导人。

庆喜对这个提案表示赞同，他说会继承德川家。于是，原市之进马上被提拔为幕臣，不久就被委以"目付"这一要职，实现了参与幕府政治的理想。

当时，围绕着如何解决长州藩问题，决定在京都召集各地大名举行会议。通常情况下应该由将军下令召集，但这时庆喜还不是将军。于是，萨摩藩以此为理由，主张由朝廷出面召集，在各地大名齐聚一堂时一举实现王政复古。其中心人物是大久保一藏，即后来的大久保利通。

为了阻止这个计划，原市之进四处奔走去说服以关白二条齐敬为首的朝廷公卿们，召集大名的命令可以出自朝廷，但是需要由庆喜负责召集。原市之进成功让二条齐敬在奏折中写上了这样一句话："（会议）决议的结果，须由中纳言（庆喜）奏闻。"就这样，会议实际上是在庆喜的主导下召开的，原市之进也成功扭转了会议的走向。

如前所述，作为庆喜就任将军的准备阶段之一，在庆喜除服进宫之际，为了使庆喜能够得到和将军同等的待遇，原市之进开展了各种政治工作。

活动的结果是在得到朝廷的敕许后，庆喜带着数百名随从威风凛凛地进宫，并拜谒了天皇。这时朝廷给予庆喜的待遇和将军一样。

之后原市之进也没有丝毫懈怠，他到各个大名那里去大肆游说。结果，大名们的请愿书陆陆续续送到了朝廷，上面都写着"希望庆喜公成为下任将军"。最后，如前所述，孝明天皇对臣子们说道："朕欲宣旨令德川中纳言（庆喜）接任（将军），纵然其坚辞不受，此次务必遵从内意。"至此庆喜公正式允诺就任将军一职，十二月五日宣读了圣旨，庆喜终于成了第十五代将军。

致命的兵库开港

然而，在新任将军庆喜的未来道路上，兵库开港这一极为棘手的国际问题正等着他去解决。

由于兵库地区离京都太近，朝廷以此为理由怎么也不认可在兵库开港，但是庆喜一当上将军，各国列强就对幕府频频提出即时开港的要求。

因此庆喜在庆应三年（1867）三月接连两次向朝廷奏请允许兵库开港，可是在萨摩藩的大久保一藏的阻挠下，朝廷一直没有下令敕准。大久保一藏的目的是想让国内外都知道没有朝廷的敕准，幕府就发挥不了任何作用。

他想离间列强、各个大名和幕府之间的关系，然后一举推翻幕府统治。

当然，原市之进绝不会对此置若罔闻。

同年四月，借将军谒见之礼的名义，原市之进把英、法、荷、美四国公使召集到大坂，他还让庆喜当场约定会实现兵库开港。

听到新任将军的明确答复，各国公使们都很吃惊，他们对于庆喜将军的果断赞不绝口。就这样，幕府又重新博得了外国列强的信赖。

对于没有朝廷敕许就擅作主张的幕府行为，萨摩藩提出了强烈抗议，他们开始追究庆喜的责任，想让他辞去将军职务。

结果，就兵库开港一事，萨摩藩在朝堂上询问了25个地方藩国的意见，看他们是否同意。令人意外的是，超过半数的藩国都赞成庆喜的做法。不用说，这都是原市之进在各个大名之间斡旋的结果。

于是，忍无可忍的大久保一藏煽动并联合萨摩、长州、土佐、宇和岛四个藩国的藩主，通过朝廷对幕府抗议道："原市之进四处游说之手段，极其阴险，这并不符合幕府的一贯做法，今后应采取光明正大之行为。"由此我们可以得知，原市之进在政治上的手腕有多么巧妙和高明。

尽管遭到了其他藩国的抗议，但原市之进为了庆喜依然坚持去说服公卿大臣们。五月二十三日那天召开朝廷会议后，朝廷终于在翌日颁布了开港敕许。在兵库开港这一问题上，原市之进彻底战胜了大久保一藏等人。

然而，三个月之后这一切都化为了泡影。原市之进被认为是一个变节者，一天他正在结发时遭到背后刺客的袭击，被砍去了脑袋，享年38岁。

据说唆使刺客采取暗杀行动的是幕臣高桥泥舟和山冈铁舟，他们都是尊攘主义者。

从攘夷主义到开国主义，原市之进在思想上的确是发生了180度的大转变。但是，他在辅佐庆喜参与幕府政治的过程中，作为政治家，他自然会意识到外国的强大，因此他不应该受到责难和非议。

失去左膀右臂的将军庆喜，被大久保一藏那些倒幕派夺去了在朝廷上的主导权，原市之进遭到暗杀的两个月后，庆喜不得不放弃了政权。对于幕府而言，原市之进的死实在是一个巨大的损失。

第四章

御三家的藩政改革

◆天灾和歉收
——尾张宗睦的高明对策

被自然灾害打垮的尾张藩

改革一般都始于节俭。

宝历十一年（1761），德川宗睦就任尾张家第九代藩主，他对藩内所有人宣布，从第二年五月起开始实施严厉的财政紧缩政策，为期 5 年。他的这种做法完全沿袭了他的生父前任藩主宗胜制定的政策。

前面已经讲过，上上任藩主宗春实行了以奖励城市商业发展为中心的藩政改革。但是，一切都流于理想主义，充盈的尾张藩国库也因财政管理过于松散而亏空。仅仅在几年之内，宗春就因欠下了 11 万两而倒台。

之后，来自尾张家分支高须松平家的宗胜就任藩主。宗胜是宗睦的父亲，他没有实行令百姓苦不堪言的增税政策，而是厉行节约，在付出极大努力后，终于在其晚年使财政成为黑字。宗胜一生给人的感觉就是在竭尽全力地还钱。

对于这样的父亲，宗睦从心里感到敬佩、爱戴，他也要继续实行父亲推崇的俭约政策。首先，为了率先垂范，他自己吃饭时只有三菜一汤，在节省自身的花费上下了很大功夫，竟然节省出 2000 两黄金。据说从此上行下效，尾张藩的藩士们都以宗睦为榜样，总是把节俭的生活放在心上。

本来，这样下去的话一切都很顺利，上苍却是那么无情。

在宗睦统治尾张期间，从宝历年间到宽政年间，全国的气候不断出现异常，竟然长达 40 年之久。水灾和旱灾等自然灾害频发，农作物连年歉收。特别是田沼意次执掌幕政的天明年间，全国都发生了严重的自然灾害，当然尾张藩也未能幸免。

比如明和二年（1765）四月和八月，庄内川因大雨而两次决堤。泥水覆盖了农田，给农业生产带来了毁灭性的打击。

因此宗睦费尽周折从幕府借来两万两黄金，以此来堵上因减收年贡而产生的财政窟窿。然而不幸又降临了，明和四年（1767）出现洪涝灾害，安永六年（1777）遭遇大旱，安永八年（1779）强台风席卷尾张藩，耕地遭到了毁灭性的破坏。

原本就财政困难，再加上遭遇连年天灾，尾张国的农村极度凋敝，尾张藩的年贡收入也大幅减少。发愁的不只是尾张藩的领导层，还接连不断地出现了失去土地的农民。这些人由于频频天灾而困苦不堪，他们用土地做担保借钱，结果却是由于还不上债务而丢掉了祖辈们传下来的土地。

这些落魄的农民四处流浪，扰乱了农村的治安。而且，经济上也看不到有什么起色。这种贫困状况长期持续下去，在农村的人们惶惶不可终日。如果再不抓紧采取对策的话，很容易爆发农民起义。

细井平洲和农民教化

安永九年（1780），宗睦宣布，使用代官①背书的借

---

① 江户时代管理幕府的直辖地、征收租税的地方官。

款缴清租税的村庄，今后 10 年本金和利息都可以延期偿还给债主。

进而，在发生饥馑时，宗睦还采取了救济农民的温厚措施。天明三年（1783）的大饥荒中，他非常迅速地开仓放粮，救助了治下的许多百姓。

通过以上这些仁政，虽然天明三年全国各地都频频爆发了农民起义，在尾张藩却没有发生一起。

没有发生农民起义的原因还有一个，那就是教化农民政策的成功。

天明三年，宗睦设立了藩学校——明伦堂。不只是藩士，对于普通的商人、手工业者和农民，明伦堂也广开教化之门。可以说这是一个全新的改革措施。

据说对于前来明伦堂听讲的民众，由知名学者来讲授儒学，宣扬忠君爱国思想。宗睦的意图是通过向农民灌输这种思想，以使他们热爱尾张藩并对藩主忠贞不贰，在防止农民起义的同时还可以让他们完成缴纳年贡的任务。

就任明伦堂第一代总管的是细井平洲，细井平洲是米泽藩藩主上杉治宪的智囊之一，他曾把上杉治宪的藩政改革引向了成功的道路，功勋卓著。

细井平洲走遍了尾张藩内的农村，他兢兢业业地举办了多场演讲。据说他在演讲中苦口婆心地说服农民，只有对藩主尽忠，严格遵守身份制度，才能得到个人的幸福。

细井平洲的口才似乎非常出众，世上留下了不少关于他的趣闻逸事。据说听他演讲的农民们都激动地流下了热泪，有的人双手合十向他跪拜，有的人还一边呼喊着"如来再世"一边向他投掷金钱。

听众的人数之多也令人感到吃惊。据说他们来自藩内的不同村庄，为了聆听细井平洲的演讲，有时短短三天之内就会聚集四万三千人。在推行农民教化政策上，细井平洲个人的作用绝不能小觑。

任用地方贤达和代官制度改革

洪水灾害是导致歉收的一个重要原因，为了抵御洪水，宗睦着手积极推进兴修水利的事业。

宗睦让水利专家水野千之右卫门允负责实施庄内川的分水工程，工程成功之后，宗睦又让他继续兴修日光川和五条川的水利工程。宗睦农政改革的特征主要体现在大量任用像水野千之右卫门这样的地方能工巧匠上，比如精通土地测量和水利工程的代官，他们都是农政的实干家。

除了水野千之右卫门，还有人见弥右卫门、樋口好古、津金胤臣等人得到了提拔。

说到他们的功绩，比如津金胤臣，他向年龄在 14 岁到 60 岁之间的女性征收名为"棉布役银"的轻微税收，他把这些税钱储备起来，以防歉收。此外，在开垦热田附近的新田方面，他也十分积极活跃，发挥了巨大作用。

代官制度改革也是宗睦的农业政策之一。

本来按照惯例，尾张藩的代官是不用到自己所管辖的地方上任的，他们在名古屋城下的国奉行所内就可以处理公务。实际上从事征收租税工作等农政业务的是被称为"手代"的下级官吏，他们才会被派遣到代官管辖的地区。

因此，在直接掌控农村的手代中，有很多人会利用手中的权力，毫无顾忌地和村长等村内官员勾结在一起，收受贿赂，好让他们逃租避税。这样一来，那些规规矩矩缴纳年贡的人反而吃力不讨好。

为了彻底纠正这种恶风陋习，宗睦改革了固有的代官制度体系，取而代之的是被称为"所付代官制度"的管辖地代官制度。他打破了直辖地和家臣知行地的管辖界限，把尾张藩划分为好几个行政区域，在各个区域设置了代官所，然后派遣代官到这些地方上任。

在实施以上改革的基础上，宗睦还对各地的代官发出了训令，力图把仁政贯彻到底。宗睦在训令中这样写道：

> 代官万勿使其属下有违常理，应视之如手足，引导村庄走向良善，百姓之疾苦需细微审察，留意在

心，不可有丝毫怠慢。(『令留書抜』)

新任代官们在纠正以往不正之风的同时，还在他们管辖的地区实行了严格的人口调查和土地收成调查，从而可以正确核定税率，使赋税征收步入了正轨。

这样做不仅纠正了赋税征收过程中的不公平现象，而且增加了尾张藩的年贡收入。

藩币的发行及混乱

宗睦虽然在藩政改革上如此呕心沥血，但他的努力成果犹如杯水车薪，他无论如何也弥补不了尾张藩旷日持久的亏空。

宗睦自己也做出了极大努力，一方面他仗着御三家中的老大地位，不断接受幕府在资金上的援助，另一方面他命令尾张藩的富商们去筹措资金。

然而，据说到了天明八年（1788），尾张藩累积下来的赤字竟然有 22 万两，这可是一笔令人瞠目结舌的巨大债务，抵得上尾张藩一年的财政收入。

宗睦在万不得已的情况下，命令藩士们从宽政二年（1790）开始上缴稻米，要求他们按照俸禄百分之二的比例缴纳。而且，对于从富商那里筹措到的资金，通过高压政策，让他们免除利息。而且，宗睦强迫富商把他已经支付的六万五千两黄金利息当作本金来偿还债务。

即便如此，尾张藩的债务还剩下大约 16 万两黄金。宗睦实在是黔驴技穷了。发行藩币这一问题被提上议事日程，恰恰就在这个时候。

所谓藩币，就是只能在该藩内限制流通的纸币。围绕着发行藩币这一问题，尾张藩内部呈现了赞成和反对这两种截然不同的意见。两种意见展开了激烈的交锋，特别是提倡稳定财政的地方贤达的反对态度尤其强硬。

他们认为，如果在没有充足兑换准备金的情况下就贸然发行藩币，藩币就会很快贬值，给尾张藩的经济带来一场大的混乱。而且，纸币容易破损，也很有可能会被伪造。所以，基于以上理由，他们始终都不认可发行藩币。

可是，由于财政上已经陷入绝境，最后宗睦下定决心准备发行藩币。这也是一个比较容易的方法。

宽政四年（1792），尾张藩在幕府的许可下有条件地发行了藩币。所谓条件，就是藩币的发行额度限定在 12 万石稻米的价值以下，并且分为 25 年发行。

藩币发行后，积极使用藩币用于商业交易的行为都会得到鼓励，除了贡米之外，其他税金都可以使用藩币缴纳。

但是，不幸的是，之前地方贤达在藩币发行上所持有的悲观论调，终究还是变成了现实。

宗睦在世时，藩币制度还能顺利发挥其功能，但是后来由于超过了原来的限度额滥发纸币，再加上兑换准备金严重短缺，结果造成了藩币贬值，尾张藩的经济陷入一片混乱。而且，据说这种恶劣影响一直持续到幕府末期。

军队制度改革和世袭家禄制复活

作为宗睦的显著政绩之一，不能不提到关于军队制度的改革。

进入宽政年间（1789—1801）后，外国船只开始在日本近海频繁出没。这些船只中多半都来自俄国，因为当时俄国采取了向南发展的国策。宽政四年（1792），俄国使节拉克斯曼（Laksman）为谋求通商，乘船来到北海道的根室。事已至此，幕府对俄国加强了戒备之心，该年五月，幕府向各个藩国发布了海岸防备令。

在这样的局势中，作为御三家的老大，尾张藩必须率先巩固海防。因此，充实军备成为急需解决的课题。

宗睦把改革的重心放在了使用现代枪支的步兵队伍上，他把禁卫军和旗本中的部分武士作为步兵的主力，进而计划扩充亲兵的队伍。他重新改组军队就是为了增强部队的实战能力。

此外，宗睦致力于加强尾张藩内知多郡海岸的防御，他重新部署了部队并做了充分的准备，当有外国船只来袭时，就可以随时进入战斗态势。

在实行军制改革的同时，宗睦也坚决重新实行了世袭家禄制。

武士支配的土地和俸禄会子子孙孙继承下去，这难道不是理所当然的事情吗？可如果你这么去想的话，那就大错特错了。

在尾张藩，从宽文元年（1661）开始，土地世袭制度就被废除了。如果没有对尾张藩做出什么贡献的话，俸禄就会毫不留情地被剥夺。比如，在无官无职、早逝、由养子继承门第的情况下，被赐予的土地就会减半。

没有才能的话工资就会减少，虽然这是竞争社会的常识，但是对于我们这些习惯了按资排辈领取薪水的人来说，这完全是一种非常恐怖的制度。

俸禄急剧减少的例子有寺尾家，他们曾经拥有一万石俸禄，后来减为一千石。还有拥有四千石俸禄的山下家，他们的俸禄被削减到150石。不过，这些重臣还能说得过去。俸禄更加微薄的那些藩士，俸禄减少后，为了养家糊口，不得不去打一些短工。这些工作有糊纸伞、制作灯笼、卷制蜡烛芯，等等。

长此以往，尾张藩藩士的气节日渐衰败，他们也没有闲钱花在武器和马匹的养护上，甚至有的人为生活所迫，竟然还卖掉了自己的武器和战马。可见，一旦发生不测，很难把他们动员起来作战。

为了提高家臣们的士气，就必须解决他们在生活上的后顾之忧。因此，要想使他们拥有原来的俸禄，就只能恢复原来实行的家禄世袭制度。当然，如前所述，尾张藩的财政状况极其严峻，但是从巩固国防的角度考虑，就只能采取这种方式。

因此宗睦向幕府汇报了这些现实情况，从幕府那里借来了 10 万两黄金的巨款，毅然着手恢复家禄世袭制度。

宗睦的藩政改革虽然增加了尾张藩的债务，在藩币发行上也遭遇了失败，但他在农政、军制以及文教政策方面的改革，都堪称令人瞩目。

而且，无论财政上如何困苦，宗睦都不会立即提高农民赋税，转嫁经济危机，他这种做法也深受好评。

◆终日苦闷
——纪伊茂承的彻底改革

令人瞠目结舌的藩政改革方案

幕府末期，青年藩主茂承为了重振财政上陷入破产的纪伊藩，下定决心采取改革措施。他冥思苦想，终日闷闷不乐，寻求解决途径。他年轻气盛，富有改革精神。

茂承心想：这个时候，如果他在就好了……在他脑海里突然冒出了一个人，那就是津田出。

津田出曾经是茂承的老师，在茂承身边传授过他学问。津田出头脑明晰，值得信赖。可是他因病辞去官职，退隐还乡，正在老家静心疗养。

关于津田出的个人经历，这里还需要简单说明一下。津田出是家里的长子，他的父亲是中级藩士，年俸300石。据说津田出幼时就非常聪颖，精通荷兰学和古学①，成年后供职于纪伊藩藩主在江户的府邸，在那里教授学问，名噪一时。

但是，津田出并不喜欢官场生活，在江户仅仅待了几年就把家业推给了弟弟，然后告病而去。津田出离开江户后，就隐退到和歌山，在那里过着悠然自得的生活。他可真是个怪人。

不过，像津田出这样优秀的人才，纪伊藩是不会弃之不用的。安政五年（1858），茂承刚一就任藩主就起用了

---

①　日本近世儒学的一种，不通过朱子学、阳明学的解释而直接研究和阐释《论语》《孟子》等儒家典籍。

津田出，让他来到自己身边。就这样，津田出开始承担教育藩主的重任，后来也参与谋划藩政。

然而，如前所述，津田出二度称病，退隐乡村，远离了政坛。

不管怎么说，茂承还是想让津田出做官，想借助津田出的才能重振纪伊藩。茂承派人到津田出那里，想听听津田出对于改革的思路。

为了回应茂承，津田出提出了自己的改革方案，这就是《御国政改革趣法概略表》（『御国政改革趣法概略表』）。

不过，这个方案中所写的内容，不同于以往改革鼓励厉行节约那样的老皇历，而是令那个时代的普通武士闻之大惊失色的改革方案。

该方案的主要内容可概括为如下六个方面：

（1）运用电力和机械提高生产力，裁减数千名冗员；

（2）向欧洲大量派遣留学生，以学成归国的留学生作为师资，创办新式学校；

（3）创建使用现代武器的军队，其中还配有3000人的炮兵；

（4）令武士和商人等移居农村，使其从事农业生产；

（5）大幅削减藩士的俸禄；

（6）从农民中征兵，创建强大的农兵部队。

孤立无援中的挫折

让武士归农，在农民中征兵，这些改革措施都彻底颠覆了封建制度。在得知津田出改革方案的内容后，纪伊藩的家臣们一定都目瞪口呆吧。

想必家臣们和津田出自己都认为，对于这样匪夷所思的改革措施，藩主茂承应该是不会采纳的。但是茂承竟然全面支持津田出的意见，并且下定决心依据他的方案实施藩政改革。

而且，为了抗衡家老，茂承还给津田出新设了一个叫作"御前代理"的官职，地位可与家老匹敌，并开始宣布在整个纪伊藩实施改革。甚而，茂承还亲自去初代藩主赖宣的宗庙献上了一篇祷告文，向整个纪伊家族表明他的决心。茂承在祷告文中说："改革肇始，定有敌视改革、怀疑改革之人。如今纪伊藩正值存亡关头，吾下定决心，誓把改革进行到底。"

这件事发生在庆应二年（1866）。

津田出作为这场改革的中心人物，倚仗藩主茂承手中的权力，毅然决然地实行了改革。

首先，他在纪伊藩的农民中公开招募士兵，然后把他们组织起来形成了近代意义上的枪炮部队。兵制改革方面，他废除了藩士中旧有的武官制度，把他们和来自农民的士兵一起编进枪炮部队。此外，津田出还推行了强硬的薪资改革政策，把藩士们的世袭俸禄削减了一半。

这些改革措施遭到了纪伊藩内武士阶层的强烈反对，当时纪伊藩分为五大派阀，现在他们集结在一起反对津田出，因此津田出陷入了孤立无援的境地。

本来茂承是以自己的藩主地位来支持津田出的，但是他的态度突然发生了急剧转变，当纪伊藩内的大多数人非难津田出时，他就迅速罢免了津田出并令其闭门思过。

至此这场藩政改革就半途而废了，这是庆应三年（1867）十月发生的事情。

明治新政府的冷遇

在幕府末期实行维新的动荡时期，尾张藩早早就抛弃了幕府，他们打着勤王的旗号为朝廷的新政府效力。与此相对，纪伊藩在该如何行动上却变得犹豫不决。

此前，纪伊藩曾产生了两位幕府将军，和幕府交情很深。而且，在第二次讨伐长州藩的战争中，茂承担任征讨长州藩的先锋总督和长州藩作战。因此，不管怎么说，支持幕府的论调在纪伊藩占据了主流地位。

庆应四年（1868）正月爆发的鸟羽伏见之战足可

以证明这一切。在这场战斗中失败的将军庆喜丢下了幕
府的军队，在大坂城登船逃到了江户。得知这个消息的
幕府军队丧失了斗志，他们立刻土崩瓦解，向东边落荒
而逃。以萨摩藩、长州藩为首的新政府军展开了猛烈追
击，纪伊藩此时却秘密保护了数千名幕臣，并派船把他
们护送到江户。

这种在幕府末期采取的支援行动，招致了新政府的厌
恶，因此在戊辰战争时纪伊藩遭到了冷遇。

庆应四年（1868）二月，茂承为了向新政府表示恭
顺之意去了京都，尽管其他藩的藩主都回属地了，新政府
却在京都把他扣留了。

同年五月，朝廷派监察使到纪伊藩去监视那里的动
向。八月，朝廷以纪伊藩参加戊辰战争的士兵人数太少为
理由，命令纪伊藩向朝廷献上 15 万两黄金的巨资。

纪伊藩费尽周折才筹措了 3 万两黄金上交给朝廷，除
此之外，他们再也拿不出一分钱了。

在纪伊藩的存亡关头，茂承考虑借助出身于纪伊的新
政府高官陆奥宗光的力量来渡过难关。

陆奥宗光后来成了日本的外务大臣，中日甲午战争中
日本能够获胜，他功不可没。陆奥宗光此人头脑清晰，能
言善辩，机敏果断，当时的人们都很敬畏他，称他为
"剃刀大臣"。

陆奥宗光登场

茂承派人向陆奥宗光求助，陆奥宗光冷冷地拒绝道："纪伊藩对我没有一点恩情，我没有道理去帮助他们。"陆奥宗光之所以表现出这种态度，是有内情的。

陆奥宗光出生于弘化元年（1844），他是纪伊藩藩士伊达藤二郎宗广的儿子。伊达家食禄300石，属于上层藩士。陆奥宗光的父亲伊达宗广虽然身为武士，但是很有商业才能，他历任纪伊藩管理财政的"勘定吟味役"、管理寺院和神社的"寺社奉行"等职，在振兴纪伊藩财政上立下了汗马功劳。

藩主治宝十分重用伊达宗广，把他的俸禄破格增加了500石，并使其参与纪伊藩的政治管理。幼年的陆奥宗光是在他赫赫有名的父亲的呵护下长大的。对于凭借聪明才智取得显赫地位的父亲，陆奥宗光一定充满了崇敬和自豪。

但是，嘉永五年（1852）十二月，隐居的前任藩主治宝去世了。在反治宝派的策划下，和治宝有关系的人纷纷倒台，首当其冲的就是伊达宗广。伊达家的俸禄被削减到300石，伊达宗广不仅被褫夺了官职，还被幽禁起来。

得知父亲受到这样的处罚，据说陆奥宗光气得浑身发抖，他从刀鞘里拔出祖上传下来的宝刀，像老虎一般咆哮着向大门外冲去："父亲难道不是重振纪伊藩财政的元勋吗？为何要对父亲如此不公？难道伊达家就没有人去出头吗？我要向纪伊藩复仇！"

家里的其他人慌作一团，他们死死抱住了手持白刃、怒气冲天的少年陆奥宗光。哥哥宗兴为了让激愤的宗光冷静下来，也斥责他不要莽撞行事。据说陆奥宗光泪涕横流，他历数纪伊藩的不是，和哥哥展开了激烈争论。

当时陆奥宗光仅仅是一个 9 岁的少年，他的愤世嫉俗给大家留下了很深的印象。

结果，伊达家就这样离散了。此后陆奥宗光四处流浪，备尝人世间辛酸，最后到了江户。关于他在江户的生活，《陆奥宗光伯爵小传、年谱、附录文集》（『陸奥宗光伯一小伝・年譜・付録文集』）中如此描述道："贫困不能自给，寄食于各处，三年间笔耕不辍，仅能糊口而已。"可见，陆奥宗光在江户的生活极其窘迫。

陆奥宗光在江户靠打工来赚取生活费，比如在中医那里碾碎草根树皮，为书生誊写书籍，等等。他在著名的儒学者安井息轩、水本成美等人开办的私塾里当学仆，一边住在那里一边如饥似渴地学习。

从文久元年（1861）秋天开始，陆奥宗光在幕府正规的学问所——昌平黉学习。据推测，在安井息轩的斡旋下，陆奥宗光才得以入学。陆奥宗光不仅向在野的学者学习，他还在当时最好的教育设施接受了最好的儒学者的教育，这种精英教育对陆奥宗光的未来发展产生了非常大的积极影响。

陆奥宗光、坂本龙马和海援队

但是，让陆奥宗光得以迅速成长起来的并不是昌平黉，而是脱离了土佐藩藩籍的浪人坂本龙马。

如果没有邂逅坂本龙马此人，那么日后也不会出现像陆奥宗光这样的大政治家。可以断言，坂本龙马对陆奥宗光的影响已经渗透进他的灵魂。

令人感到遗憾的是，他们两人戏剧般相会的场景，在历史上并没有留下任何记录。不管怎样，坂本龙马十分认可陆奥宗光这名青年才俊，为了更好地培养陆奥宗光成为练达之才，他邀请陆奥宗光去位于神户的胜海舟的家塾学习。不久，他把陆奥宗光拉进自己经营的龟山社（后来的海援队）中，视其为左膀右臂并加以重用。

但是，坂本龙马遭到暗杀后，陆奥宗光就离开了海援队。

关于陆奥宗光，胜海舟有如下回忆。

（陆奥宗光）佩着与身材并不相称的武士刀，侠气凛然，有小才子之风……（中略）……评价甚恶，人人称之为"谎话小次郎"。学生（受训生）多来自萨摩藩，与其说他们一心向学，毋宁说他们更重视历练胆量，追求功名。因此，像小次郎（陆奥宗光）这样聪明伶俐的小才子就遭到了众人的排斥。（『氷川清話』広池学園事業部　勝部真長編 1967 年）

在胜海舟的回忆中，陆奥宗光虽然处境艰难，但如果这是事实的话，正是由于坂本龙马相助，陆奥宗光才有可能在海援队这样的地方待下去。

被集体排斥的陆奥宗光前往大坂拜访了英国公使馆，请求和公使巴夏礼（Parkes）会面。他好像持有土佐藩后藤象二郎的介绍信，虽然身为一介浪人，但他还是非常幸运地见到了巴夏礼公使。

当时欧内斯特·萨道义（Ernest Satow）[①] 担任英国公使馆的秘书，他在日记中详细记载了陆奥宗光来访时他们之间密谈的内容。

日记显示的日期是 1868 年 1 月 15 日，即日本旧历庆

---

① 日文名为佐藤爱之助或萨道爱之助。

德川幕府与御三家

应三年（1867）十二月二十一日，此时距鸟羽伏见之战发生还有十天。

日记中如下写道：

　　一个叫作陆奥阳之助（宗光）、生于纪州的年轻土佐藩藩士来访，我和他讨论了外国公使承认天皇新政府的有关问题。我这样说，迈出第一步的不应该是我们这些外国使节，我们听说已确定德川首脑（将军）会继续执政，但是关于京都方面，我们还没有接到任何通知。所以，我们不得不依然同德川那边继续进行公务活动。如果京都（新）政府准备指挥国政，应该先提前通告幕府，京都新政府将接管国家的外交事务。其次，必须在京都召集各国公使，正式对国内外表明天皇的地位和立场。

　　陆奥宗光说他自己并非作为后藤象二郎的使者来访，所以只是表达一下自己的意见。而且，据他个人所见，首先需要由一名皇族代表到大坂和各国的代表会面，此时德川首脑（将军）也应列席并辞去管理外交事务的官职；接着皇族代表向大家宣布天皇（新政府）的外交政策。这样做的话更为稳妥。当然，此时需要大名和大名的军队护卫皇族代表一起来到大坂。对于陆奥宗光的提议和请求，我从心底表示赞同，并和他相互约定绝不把这件事情泄露出去。
[アーネスト・サトウ著・坂田精一訳『一外交官の
見た明治維新（下）』岩波文庫]

接着陆奥宗光和巴夏礼也进行了会谈。《陆奥宗光伯
爵小传、年谱、附录文集》中说："陆奥宗光一见到英国
公使，便即刻就如何处理王政维新后的外交事宜展开了深
入的讨论。"这句描述虽然简单，但足以证明陆奥宗光已
经赢得巴夏礼的信赖。

陆奥宗光离开坂本龙马之后做的第一件事就是跑到英
国公使那里就外交政策展开会谈，由此联想到他日后出任
外务大臣的出色作为，不禁令人感到十分有趣。

而且，陆奥宗光能够让英国那边全面认可自己的主张
并保守秘密，从这一点可以看出，他称得上是一个足智多
谋的人。

为了挽救纪伊藩

后来，陆奥宗光带着交涉后的秘密成果立刻驰往京
都，拜谒了新政府的最高领导人岩仓具视。之后，他凭借
巧舌如此说道："此后新政府应抛弃攘夷主义，立刻采取
开国进取的积极方针。而且，新的方针一旦决定，当务之

急是要把'新政府代替幕府统领国政'这件事通告在大坂的各国公使，并取得他们的承认。总之，今后的时代是一个外交的时代。顺便说一下，英国那边已经和我就此事达成了协议。"

听到陆奥宗光这一席话，岩仓具视对这个年轻人的外交才能感到惊叹不已。他立刻让陆奥宗光到新政府供职，任命他为外国事务局的御用官员。

就这样，陆奥宗光通过自己的出色才华，给自己的未来打开了一扇大门。

当时担任同样官职的都是一些响当当的人物，比如长州藩的伊藤博文和井上薰，萨摩藩的寺岛宗则、五代友厚，肥前藩的大隈重信等人。日后，这些人都成了日本著名的政治家，左右着国家的命运。

后来，陆奥宗光在自己的传记《陆奥宗光伯爵小传、年谱、附录文集》中自豪地写道：

此事发生在明治元年（庆应四年）正月十一日，余有生以来第一次感到自己身上肩负的责任。这也是我迈出的管理国家公务的第一步，时年仅二十有五。王政维新之时，戎马倥偬之间，我从此走上了新政府最不擅长的外交之路。

通过这段话，我们可以看到这个年轻人的前途充满了光芒。

纪伊藩藩主茂承一心认为，为了拯救纪伊藩，无论如何也要借助陆奥宗光的力量。他多次降低姿态去寻求陆奥宗光的帮助。

终于，陆奥宗光被茂承的热情打动了。他们两人的第一次会面是在京都的本法寺。

如此怨恨纪伊藩的陆奥宗光，为什么会帮助茂承呢？这是出于怜悯？还是同情？

两者都不是，陆奥宗光可不是一个喜欢感情用事的人，能够打动陆奥宗光不过是因为这件事对他有利。陆奥宗光在心里盘算过了。

其实这个时候陆奥宗光对新政府怀有强烈的不满，因为新政府优先录用的高官都是出身于萨摩、长州、土佐、肥前这四个藩国的人。有的人愚不可及，没有一点能力，但仅仅因为他们的出身就成了陆奥宗光的上司。对于相信实力就是一切的陆奥宗光而言，这种情况真是令人难以忍受。

陆奥宗光的内心十分苦闷："难道坂本龙马等人的死，就是为了缔造这样的一种政权吗？"就在这个时候，茂承前来示好了。也许，陆奥宗光考虑到利用这个契机，他可以离开新政府。同时，他的内心也开始萌发某种雄心壮志。

总之，陆奥宗光和新政府努力交涉的结果，是免除了纪伊藩需要上交的所有金钱。不过，作为交换条件，茂承事前答应了陆奥宗光一个条件，那就是实行彻底的藩政改革。这既是陆奥宗光提出的条件，也是茂承希望去做的事情。

不可动摇的藩政改革决心

实行藩政改革之际，陆奥宗光强烈要求再度起用津田出作为改革的负责人。当年，就是津田出实施了那场惊世骇俗的变革。

陆奥宗光虽然并没有见过津田出，但是对其才能做了高度评价。陆奥宗光对津田出十分期待，他认为："津田出一定能促使改革取得成功，从而实现自己的宏愿。"

茂承也同意了陆奥宗光的请求，他下令让津田出复出并担任藩政改革的负责人。然而，津田出以生病为理由，拒绝了茂承的命令。不用说，遭到茂承背叛的那种苦涩还深深刻在津田出的心头。

津田出的心情，茂承其实也感同身受。因此，茂承亲自去面见津田出，为自己过去的背叛行为赔礼道歉。茂承深深地鞠了一躬，说道："我想让你成为我的养子来继承纪伊藩，请你无论如何也要负责起藩政改革。"

事已至此，津田出也无法再拒绝了。终于，他答应就任改革的总负责人。

明治二年（1869）一月，茂承把纪伊藩藩士们召集在一起，宣布津田出作为藩政改革的总负责人着手实行改革。茂承表明了实行藩政改革的强烈决心，他说，凡是违背津田出的人就是违背茂承他自己。于是，纪伊藩在明治时代开始了藩政改革。

令新政府生畏的藩政改革

津田出的藩政改革极其彻底，就连家老级别人物的俸禄，也被削减到了原来的二十分之一。

而且，拥有从 25 石到 500 石之间藩士们的俸禄一律削减到不到 6 斗，没有职位的藩士也可以从事农业、商业等行业的工作。也就是说，武士们可以自由选择自己的工作，也可以在藩主城池以外的其他地方定居。

藩政府原来的机构都遭到了废止，在中央机构中设置了公用、会计、刑法、军务四局，各郡则由民政局统一管理民众。藩政府的各局中，即便是原来属于谱代阶层的人，如果没有能力的话也不能录用为官吏。

不过，津田出改革中尤为值得一提的是军制改革。

居住在纪伊国、年龄达到 20 岁的男子都被命令去服 3

年兵役，不只是武士家庭，就连庶民也要服兵役。这就是近代意义上的征兵制度，发生在明治二年（1869）十月。明治政府发布征兵令是在明治六年（1873），津田出导入这种制度比明治政府还要早4年，真是令人感到惊讶。

纪伊藩原来正规军有三千人，随着引入征兵制度，士兵一下子增加到两万人，约是原来的7倍。然而，兵员的数量虽然增多了，但由于征集而来的多数是庶民，所以他们都不知道兵器的使用方法。虽说有两万人，但他们还不是可用之人，必须将他们训练成能为陆奥宗光发挥作用的士兵。

此时，陆奥宗光向明治政府提出了辞呈，他回到纪伊藩帮助津田出全面推行改革。陆奥宗光在纪伊藩实行征兵制之前，就招聘了外国的军事顾问用于军事训练。军事顾问名叫卡尔·克彭（Karl Köppen），他是普鲁士（德国前身）的下士军官，经过他严格的训练，在纪伊国诞生了日本最强大的西式近代陆军。

纪伊藩的军队主要以步兵为主，此外还有炮兵、骑兵、工兵队、辎重队等兵种。而且，纪伊藩从莱曼·哈特曼公司大量购入了最新型的枪炮，进而创建了兵工厂，一天能制造1万发子弹。

听说如此大规模的军制改革后，美国和英国的公使们特意造访了和歌山。他们观摩了当地的军事训练，看到训练有素的纪伊军队后，据说他们都赞不绝口。

其他藩国似乎也很关注纪伊藩的动向，他们纷纷派遣谍报人员到和歌山城下来打探消息。

废藩置县下消失的纪伊藩

说来很难相信，从明治二年（1869）到明治三年（1870），明治政府几乎没有什么军事力量。在戊辰战争中四处征战的是以萨摩、土佐、长州、肥前为主力的各地藩国的联军。战争结束后，联军自然而然就解散了，士兵们也分别回到了各自所属的藩国。

江户幕府确实消亡了，明治政府成为日本的统治者。但是这个新政权没有自己的军事力量，当时竟然出现了这样一种不可思议的现象。

陆奥宗光当然不会放过这个机会。虽然没有确实证据，但他似乎想掀起又一场明治维新。

的确，如果拥有了纪伊军队的军事力量，推翻新政府可以说是轻而易举。在这个时间点，日本还不存在能够与纪伊军队相匹敌的军事力量。萨摩和长州联合起来，或许才能够与纪伊抗衡。

陆奥宗光可能是想借助纪伊的军事力量向朝廷施压，把萨摩长州派从新政府中赶走，自己成为新政府的领导人。他或许是这样考虑的吧。

由于没有自己的军队，明治政府抱有一种强烈的危机感。因此，新政府决定孤注一掷。

明治四年（1871），新政府让萨摩、土佐、长州交出 1 万士兵，然后又把各藩的藩主召集到东京，宣布实行废藩置县。通过这种看似扣押藩主作为人质的做法，新政府一举实现了政治上的统一，也可以说是某种形式上的政变。

废藩置县实行之际，据说新政府的实权派大久保利通等人抱定了不成功便成仁的决心。

那么，此时的纪伊藩是怎么行动的呢？

实际上，纪伊藩并没有采取任何行动。

陆奥宗光立即命令纪伊军队保持临战态势，或许废藩这一举措会激怒一些藩国引起战乱。他应该是这么想的。

陆奥宗光对纪伊军的下士军官冈本柳之助下达了命令。

　　　　废藩置县实际上是日本国家政治体制的大变革，然而许多地方藩国并不知晓如何建设这个国家，所以难免会一时产生误解，导致动乱发生。这些都需要大家（纪伊军）去加以平息。（『風雲回顧録』冈本柳之助著　中公文庫）

陆奥宗光是这么考虑的，在废藩命令的刺激下，地方的某些雄藩肯定会掀起反对新政府的叛乱，这时日本就会出现如战国时代的群雄割据的局面。那么，陷入困境的明治政府就会求助于纪伊藩的军事力量，今后政府的主导权也就掌握在自己手中。陆奥宗光对此深信不疑。

但是，陆奥宗光想象中的战乱并没有发生。各个藩国也并非完全被削去了实力，由于事出突然，这些藩国并没有马上认识到废藩置县的实质。等到士族因废藩和废除特权而感到怒不可遏并在各地掀起叛乱时，已经是数年之后的事情。

就这样，废藩置县在悄然无息中实行了下去，纪伊藩也从这个世界上消失了。当然，陆奥宗光处心积虑创建的纪伊军队不得不解散了。士官们虽然强烈反对解散军队，但事已至此，无可奈何。

顺便说一下，由于陆奥宗光和津田出在纪伊藩的藩政改革中得到了高度评价，他们在明治政府的礼遇下顺利入阁。

◆基于信念的仁政
——水户光圀令人感动的努力

货币经济的发展

大凡人类，想要冲破固定观念的束缚并非易事。人们对水户光圀的看法也是这样的。

德川幕府与御三家

一提到水户光圀，人们脑海中就会浮现出水户黄门大人的光辉形象，他劝善惩恶，是正义的化身。当然关于光圀的许多故事都是虚构的，尊崇天皇、道德楷模只不过是光圀的一个侧面。但是，光圀的形象一旦固定下来，再想改变可就难上加难了。

下面，让我们看看光圀在水户藩的政绩吧。如果能让读者多多少少改变对光圀的认识，那么可以说笔者的写作意图就达到了。

宽文元年（1661），光圀继承了他父亲赖房的职位，成为水户藩的第二代藩主。那时光圀34岁，正值壮年。此后，到元禄三年（1690）隐退为止，光圀作为藩主治理水户藩长达近三十年。

从宽文到元禄光圀统治水户藩的这个时期，一般认为是幕藩体制得以确立下来的稳定期。各个藩国的政治看起来似乎都很顺利，但其实真实情况正好相反。

的确，这个时期是经济快速发展的时期，但是获利的只有商人阶层，武士和农民不但没有从中得到好处，反而陷入了十分困苦的境地。

他们为什么会如此困苦呢？那是由货币经济的发展所致。

钱可是个好东西，只要有钱，什么都能买到，什么都能做到。那些农民也知道这个道理，他们往往会为金钱的魔力所折服。自己去挣钱倒还说得过去，但是那些到处借钱用来挥霍的人可真让人头疼。

即便是现在，虽然有各种各样的理由，但是因为举债过多而破产的人也不在少数。更何况当时农民中很少有人能够清楚计算出高额的利息，所以不知不觉间债务就像滚雪球一样越积越多，以至于变卖土地、倾家荡产的农民络绎不绝。

江户时代奉行农本主义，如果农村经济凋敝不堪，那么就会对缴纳年贡带来恶劣影响，导致藩国经济陷入破产。因此，如果在农民借贷这件事情上放任自流，必然会出现严重事态，关系到藩国的发展存亡。

武士也一样被胁裹在货币经济的浪潮中。虽然领取俸禄的体制依然没有发生改变，但是由于经济的发展，市场上出现了各种各样吸引人眼球的商品。这些都刺激了武士们的购买欲望，导致支出不断增加。这样一来，通过借高利贷来填补亏空的人也不在少数。

如此发展下去，以武士和农民为中心的藩国就不能正常发挥其功能。如何解决在家臣和农民中产生的各种经济问题，成了水户藩亟待解决的课题。

值得信任的百姓

光圀就任藩主后的第二年就开始在水户藩实行俭约

令，他还告诉生活窘迫的武士们，可以给他们提供用于借贷的"京银"。所谓"京银"，就是特指水户藩从京都富豪那里借来的钱款。

进而，为了救济那些经济困难的武士，光圀允许他们提前支取作为俸禄的稻米。

但是，不管是京银还是提前支取，这些都属于债务，迟早是要返还的。

而且，虽然从水户藩领来的禄米数量没有什么变化，可是物价在一个劲儿地上涨。另外，如果还担任一官半职的话，交际费等支出也会有所增加。这样下去的话，就难以生存下去了。

结果就出现了考虑放弃武士身份的现象。有的武士甚至提出辞呈，放弃了自己的俸禄，躲避到农村生活。放弃武士身份这样的事情听起来难以置信，可这确实是实情。

武士们的困窘，从以下事例就可窥知一二。

天和三年（1683），光圀表彰了 13 名家臣，因为他们都没有从水户藩借钱，过着节约简朴的生活。他们这样做，本来就是理所当然的事情，光圀还加以表彰，可见水户藩藩士们的生活该有多么窘迫。

农民们的生活同样艰辛，因此光圀抓紧开始实施解决武士和农民经济问题的对策。

首先，为了使农民适应货币经济，光圀奖励农民种植各种具有经济价值的农作物，如纸张原料、烟草、漆、胡萝卜、蜡油等，以换取金钱。同时，加强对高利贷的管理，取缔针对农民的非法高息借贷关系，强行把贷款利息控制在10%以下。通过这些措施，防止农民走向破产。

而且，为了抵御那珂川和千波湖的水灾，光圀着手在水户藩修建大型水利工程，比如修建水渠、合理分流那珂川的河水等。

还有，光圀尤为独特的改革措施在于变更年贡审定人这一点上。

本来，每年年贡的上交比率，是由藩政府官员在农村巡视一番后，根据当年的收成来确定的。这种审定方式称作"检视"。光圀把"检视"的任务委托给村长、组长等农村中的上层人士，这样的英明决断令人称奇。

当然，家臣们都表示强烈反对，但是光圀毅然决然地推行下去了。

"信于民，始于信民"，光圀施行仁政的根基，在于他心中怀有这样一种强烈的信念。

录用人才带来的活力

把审定年贡的工作委托给农民中的上层人士，其实还有另外一种考量——他是考虑到对佐竹氏旧家臣集团的感情才这样去做的。

水户家被分封到日本常陆地区之前，这个地区是佐竹氏的领地，特别是常陆太田一带在佐竹氏的管理下已有数百年之久。然而，由于佐竹氏在关原之战保持了中立，所以家康褫夺了他们三分之二的领地，甚至让他们迁往秋田。

由于领地大幅度缩小，佐竹氏不可能把全部家臣带到秋田的任地。于是在转封他地之际，佐竹藩的很多藩士就留在了常陆地区，他们开始从事农业工作，有不少人还当上了村长，管理当地的农村。

光圀统治时期，佐竹氏留下的臣子们在当时也是一大势力，如果不安抚他们，他们很有可能会领导农民起义，给政治管理带来麻烦，这也是水户藩特有的情况。因此，光圀才毅然实行改革措施，把审定土地收成的工作委托给他们来做。

光圀好像总是把佐竹氏旧臣的利益放在心上，他经常提拔回到农村的佐竹氏的旧臣，让他们成为藩士，从而消除他们心中的不满。

说到提拔藩士，光圀从武士们的次子、三子中提拔了不少人。

宽文四年（1664），光圀首次提拔了63名武士的次子，使其加入自己的卫队。此后，那些有能力的武士家庭的次子和三子都陆续得到了提拔，被委以官职。从前，在水户藩任职的只能是长子，而长子以外的孩子们则永无出头之日。也就是说，他们也不可能在社会上有所作为。突然之间，这些年轻人的前途一片光明。可以说，光圀的这一改革措施具有划时代的意义。

只要有能力，即便不是长子也能出人头地。

对于不是长子的人来说，他们充满了希望。他们中的很多人都专注于学问和武艺，水户藩的风气为之一振。

而且，光圀所处的时代，正值家臣更新换代之际，对于那些门第低微却十分优秀的人才，光圀也毫不犹豫地录用他们，让他们身居要职。通过这样的举措，光圀试图改变水户藩的不良风气，使藩内充满活力。

实际上，水户藩由于欠债已经被压得抬不起头来，而且彰考馆开始编纂《大日本史》，这项事业加剧了财政上的负担。

元禄元年（1688），为了找到解决经济困难的办法，光圀开始实行纸张专卖制度，这项制度在当时的其他地方还没有被采用。此外，在木叶下金山等各个矿山的开采方面，光圀也下了很大力气。进而，光圀在多贺郡大能致力于养马事业，从而增加了水户藩的收入。

延宝九年（1681），光圀下令在水户藩内的土地上种植蔬菜并积极扩大销路。在光圀付出了异常艰辛的努力后，有一万七千根白萝卜和两万根茄子在市场上得以销售。

但是，由于光圀实行的这些经济改革政策没有被贯彻到底，结果，并没有收到大的成效。

彻底的宗教政策

其实，改革上较为彻底的是宗教政策。人们都知道光圀是一个尊皇主义者，能够明显体现光圀这一特点的就是他的宗教政策。

自古以来，日本神社奉行的是神佛合体习俗，理所当然会在神社正殿安放佛像，认为神是以佛祖的姿态显现出来的。光圀对此十分反感，他把神道与佛教分离，从神社中去除了所有有关佛教的色彩，以保护神道教的纯正本质。

另一方面，他命令寺庙制作开山谱系，凡是那些没有正当历史的寺庙都遭到了废弃，那些无能的僧侣也被驱散。令人感到吃惊的是，有713座寺庙的历史都有问题。此外，再加上其他问题，竟然有1918座寺庙成了惩处的对象。这个比率相当于水户藩寺庙的52%。

过度信奉尊皇思想，导致光圀在废除佛教观念的道路上越走越远。即便如此，也可以说光圀的宗教改革极为彻底。

这一政策也是水户藩所特有的。不过，请读者不要误解。光圀的确是一个尊皇主义者，但他绝非攘夷主义者。后来对光圀极度尊敬、在水户藩推进天保改革的德川齐昭等人认为光圀信奉攘夷主义，实在是一个大大的误会。

开国主义者光圀

德川光圀其实是一个开国主义者，因为他曾积极地考虑和虾夷地（北海道）开展贸易往来。虾夷地在当时被认为是其他国家。作为重振藩内财政的一环，水户藩自主建造了大船，去虾夷地进行贸易。水户藩总共三次派船前往，其中有两次以失败而告终。贞享五年（1688）二月，水户藩第三次派出的船只终于到了虾夷地。

被派去的藩士们在虾夷地逗留了40余天，他们在当地做了非常详细的考察，和阿依努人的贸易也取得了成功。同年十二月，据说船只满载着鲑鱼、熊皮、海獭皮、鲻鱼等物回到了水户藩。

光圀对外国文化表现了强烈的关心。延宝六年（1678），他派遣家臣筑间玄述去长崎学习荷兰的医学。

光圀也很喜欢国外的奇珍异宝，比如他从长崎引进荷兰茄子和雅加达柑橘等海外植物，在水户藩进行栽培，并对种植该品种的农户实施奖励。附带说一下，荷兰茄子其实就是西红柿。

而且，光圀的目光总是投向世界，他从中国招聘了好几名学者到水户来，还与朝鲜使节展开交流。更有意思的是，他提拔的家臣中竟然还有黑人。

光圀对外国完全没有抱有任何偏见，他胸襟坦荡，认为优秀就是优秀，并善于积极接受新鲜事物。像他这样的人物又怎么可能是一个狭隘的攘夷主义者呢？

充满魅力的两面藩主

还有，光圀并非像世间传颂的那样，是一个令人感到敬畏的圣人君主。

据说他喜欢观看歌舞伎以及在隅田川上泛舟游玩，也频频出入烟花柳巷，并且嗜酒如命。他在给知心好友锅岛元武（肥前小城藩藩主）的信中直言不讳地说道："吉原①有女多寂寞，早睹吾颜解人愁。"

这封信一直留存到今天，我们由此可以知道，光圀是一个为人爽快、风流倜傥的花花公子。据说他经常饮酒过量，连客人什么时候回去都不知道，而且一直醉到第二天都不省人事。如此说来，光圀真是一个非常接地气的人。

比起作为仁君的光圀，他的个人生活更能引起笔者的

---

① 位于现东京都台东区，是江户时代最为知名的花街柳巷。

共鸣。

在光圀去世后即刻编纂而成的个人传记《桃源遗事》（『桃源遗事』）中这样记述道：

生性威猛，肤色白皙，身材修长，天堂饱满，（略）鼻直口方，（略）少年时素以美男子闻名于世。

一提起光圀，人们通常会在脑海中浮现出一名老者的模样，没想到他年轻时竟然如此俊朗清秀。

元禄三年（1690）十月，光圀把藩主之位让给养子纲条后就隐退了，纲条是他兄长赖重（赞岐高松城城主）的儿子。但是，这次让位非比寻常，因为光圀自己的亲生儿子赖常还在世，并且身康体健。

即便如此，光圀让他哥哥的儿子纲条继任藩主，其中是有特殊原因的。

前面已经讲过，光圀的父亲赖房在不得已的情况下隔过赖重，把藩主之位传给了光圀。对于在心中信奉儒教伦理道德的光圀而言，虽然那是父亲所做的决定，但是他在违反长幼有序的情况下坐上了藩主的宝座，因此光圀在位期间一直怀有深深的自责，并且不堪其苦。

因此，据说他没有考虑自己的亲生儿子，而是把藩主之位传给了哥哥的儿子。细细想来，能做到此事着实不易。可见，光圀的忠厚耿直令人叹为观止。

作为一藩之主，光圀在位近三十年间实行的各项措施，未必能说都是成功之举，当时也有很多反对的声音。但是，水户藩的家臣和民众都甘于默默地追随在光圀左右，多半是出于光圀在道德上的人格魅力。可以说，光圀就是一个充满了超凡魅力的君主。

从这个意义而言，水户光圀的确是一个大人物，也真不愧是一代明君。

◆强烈的危机意识
——烈公水户齐昭的天保改革

改革派和保守派的对抗

水户的民俗工艺品中有一个非常奇妙的用于摆设的物品，那就是农民爷爷。

在装有稻米的草袋旁边，坐着一个手拿蓑笠的年老农夫。这样的装饰让人觉得很奇怪，据说这个农民爷爷就是第九代水户藩藩主齐昭亲自设计制作出来的。

据说齐昭每天用餐时，都把这个农民爷爷的造型摆在餐桌上，在他面前供上米饭，以表示对藩内农民的感谢之情。齐昭也是一位非常神奇的藩主，他的这些行为明显是出自儒家的仁政思想。

齐昭认为，君主待民应以慈悲为怀，多施仁政，让老百姓过上舒心的生活。这是作为君主的使命，这种想法来自儒家思想。

在就任藩主后的第二天，齐昭就在给重臣们的书信中表明了自己的心迹，其中有"爱民专一"四个字。由此可以看出，毫无疑问齐昭是以仁政作为他的行为准则的。

齐昭是在文政十二年（1829）十月十七日成为藩主的，但是在他成为藩主之前，水户藩内部围绕着藩主的继任者，展开了激烈的争夺。齐昭继位后这场纷争才告一段落。

所有事情的来龙去脉，还要从第八代藩主齐脩没有子嗣这件事说起。

水户家围绕着藩主的继承人分为两派。一派推荐第十一代将军家齐的儿子，即清水家的继承人恒之丞继位；另一派谋划拥立齐脩的同父异母弟弟敬三郎继位。两派都图谋让自己一派的候选人当上藩主，因此展开了激烈的势力之争和疏通关系的秘密活动。

清水派占据了水户家重臣的大半，与此相对，敬三郎派则在中下级武士中占据了压倒性优势。

清水派由保守的门阀人士构成，据说他们想通过让将军家齐的儿子当上藩主来取得幕府在财力上的援助，他们的想法和行动都很功利。

另一方面，敬三郎派在重视水户家血统关系的同时，还寄希望于敬三郎的卓越才能，希望在他的领导下坚决推进水户藩的藩政改革。

文政十二年（1829）秋，齐脩陷入病危。此时，推举敬三郎的改革派转而采取了强硬的手段。他们聚集了40余名同伙，擅自离开水户到了江户。他们想通过越级申告的方式向幕府表明推举敬三郎作为藩主的决心。

《水户纪年》（『水户纪年』）中如此记载道："江户水户为之震动。水户藩自创建以来，如此巨变闻所未闻。"

可见，这件事真是史无前例。

先下手为强这样的激烈行为也许十分奏效，敬三郎被选定为下一任藩主，改革派终于战胜了门阀派。敬三郎后来改名为齐昭，继承了水户藩的一切。不过，门阀派虽然失败了，但他们依然在水户藩存在，并且拥有极其强大的势力。

说到水户齐昭这个人，他留下了很多著作、书信和诗文。每逢读到他的文字都会感到他是一个性情刚烈、富有个性、爱憎分明的人物。顺便说一下，齐昭的谥号是烈公，之所以有这样的称谓，也是源于他的秉性气质吧。

齐昭这种性格在日本的藩主中十分罕见，无论如何，他的主张过于鲜明，和欧美人很接近。对于他的评价，一般会分为截然不同的两种观点。

人们不是非常喜欢他，就是极端讨厌他。事实上，齐昭在改革派那边集尊崇于一身，但是对于门阀派而言，齐昭成为藩主后就像蛇蝎一样遭人忌恨。这些都和他的日后下台以及水户藩的分裂有很大关系。

攘夷思想的远因

改革派的中心人物是会泽正志斋和藤田东湖，他们强烈渴望齐昭实行藩政改革。也就是说，他们有着强烈的危机意识，水户藩再这样下去是不行的。5 年前发生的那件事情给他们带来了很多思考。

文政七年（1824）五月，水户藩北边的大津浜（北茨城市）海域突然出现了外国船只，有 12 名外国人还登上了陆地。这些外国人要求水户藩给他们补给淡水和粮食。

水户藩满足了这些外国人的要求，让他们离开了。但是突然出现这样意外的事情，给水户藩的藩士们带来巨大冲击。而且，来的外国人不是日本的邻国俄国，他们来自遥远的欧洲国家——英国。这件事对水户藩可谓影响深远。

以此事件为发端，水户藩内产生了强烈的危机意识，有人开始提出藩政改革的重心应该放在海防上。

在 60 多名改革派人士的支持下，齐昭在天保元年（1830）开始了大规模的改革。在水户藩，这次改革通常被称为天保改革。

改革中最引人瞩目的是军制方面的变革。

天保三年（1832），水户藩新设置了一个职位"海防挂"，该职位主要负责外交和海防事务。以此为开端，齐昭在天保七年（1836）任命家老山野边义观为海防总管，让他和家臣们一起驻扎在助川村（日立市）。

助川村这个地方位于俯瞰大海的一处高地上，家臣们在此筑建了像城池一样的防御工事，还在那里摆上了大炮。而且，家臣们时常在这里开展射击训练，用以防备外国人前来袭击。

同年，齐昭在凑（那珂凑市）设立了炮台，又在水户藩北部建立了海防营地。家臣们也踞守在那里，负责守卫那一带的海岸线。同时，齐昭也致力于大炮制造和火药生产，在神崎成功建立了制造大炮的工厂。

更为重要的是，齐昭十分重视枪炮的威力，此时他给水户藩的战斗人员都配备了近代枪炮。齐昭自己也在琢磨骑兵和步兵的射击训练方法，思考被称为神发流的炮术新流派。他的这种钻研精神非常了不起。

天保十二年（1841），齐昭派遣家臣到研究西方大炮的名家高岛秋帆那里学习西洋大炮的使用方法。

这一年三月，齐昭大张旗鼓地举行了称为"围猎"的活动。可以说这并非嬉戏，而是借狩猎之名进行的军事演习。在千束原这片开阔地，齐昭动员了三千名骑兵、数千名其他士兵，开展了真枪实弹的演练行动。此时，齐昭自己也身披铠甲参加了演习。此后，这种"围猎"活动成了水户藩常年举行的例行演习。

就这样，水户藩虽然下定决心实施了大规模的军制改革，但是从本质而言，这种改革还是为了保护水户藩免受外族的侵略，其中贯穿着加强国防的思想。

齐昭的农村政策

当然，在仁政方面齐昭也没有怠慢。

天保四年（1833）、七年（1836）、八年（1837），水户藩虽然接连遭遇了歉收，但饿死的人相对较少。这是因为藩主齐昭从日本西部大量购入谷物，把粮食调入水户藩。

在齐昭统治初期，水户藩内农村的情况极其糟糕。据说天保时代的连年歉收只不过是其中的一个原因，更主要的原因在于阶层的分化和年贡缴纳上的不公平。其中阶层的分化和货币经济的渗透有很大关系。

在水户藩，自宽永十八年（1641）以来，由于没有实行全面的土地收获量调查，所以账面上的收获量和实际收获量有很大差异，土地的收成没有得到正确的评价。

因此，有的耕地虽然贫瘠但年贡率很高，有的耕地虽然土壤肥沃但交的税很少，这样的情况确实存在。在出现这种不公平的情况下，获利的往往是富裕的农户，有钱人借助金钱的力量把肥沃的土地集中起来让佃户耕作，然后从中获利。

另一方面，遭受损失的却是平民百姓，留在他们手中的都是税率高却贫瘠的土地。他们因生活所困不得不放弃土地远走他乡，最后破产而失去自身独立农民的地位，过着悲惨的生活。这些都是现实生活中存在的问题。

由于放弃田产的农民数量急剧增多，农村人口呈现出不断减少的趋势。土地一片荒芜，水户藩年贡上的收入也在急剧减少。

在这种情况下，天保十一年（1840）七月，齐昭不顾门阀派的反对，强行推进全面实施土地收获量的调查。

齐昭考虑得很细，比如丈量农田时，荒芜的土地被排除在交税土地之外，已经成为宅基地的土地也被免除年贡。除此之外，测量土地时也不是那么严格，有的土地丈量面积要小于实际面积，这些都对普通的农民有利。

天保十三年（1842）十一月，水户调查土地收获量的工作完成了，通过该项举措，土地税收方面存在的不公平的现象得到了大幅度的纠正。

此外，在人口急剧减少的农村，为了确保最低限度的劳动力，开始严厉禁止农民的溺婴和堕胎行为，若有违反会追究全族人的连带责任。而且，孕妇的信息都要报给藩政府，出现死产情况时也要提交医生的证明。

在天保改革中，水户藩虽然面临着财政窘迫的困境，但是并没有像长州藩、萨摩藩那样，通过赖账不还的手段来彻底减少负债。这是因为水户藩属于御三家之一，可以从幕府得到金钱上的大量援助。

实际上，来自幕府的援助往往在赏赐、借款的名义下，源源不断地被给予水户藩。所以水户藩不必像外样大名那样，在财力不支的情况下还要认真考虑财政上的改革。从这种意义上说，水户藩过得还比较轻松。

然而，也不是说齐昭在财政改革上无所作为。他在振兴当地的产业上做了一些有益的尝试。

比如他奖励制作陶瓷、玻璃器皿、漆器和饲养马匹等行业。特别有趣的是，他还鼓励饲养蜜蜂。齐昭竟然亲自研究养蜂业，出版了《景山养蜂录》（『景山養蜂

録』）一书。但是，不管怎么说，齐昭的这些产业振兴
政策最后并没有坚持下去，也没有起到增加水户藩收入
的应有效果。

思想钳制政策

最后，笔者想介绍一下水户藩特有的思想钳制政策，
这在其他藩国的改革中是看不到的。

如前所述，水户家原本深受光圀尊皇思想的影响，尊
崇神社排除寺庙之风甚剧。然而齐昭比之更甚，由于他过
于尊崇皇室和神道教，从而实施了比光圀还要彻底的弹压
佛教的政策。这也是他改革措施的一环。

齐昭绝不允许神佛融合在一起，他从神社中悉数排除
了佛教色彩，从而追求纯粹的神道教。同时，他还把诸多
僧侣驱逐出水户藩，接二连三地毁弃了很多寺庙。

即便是有名的寺院也不能幸免于难，据说就连荒郊野
外的石佛也要被拆除。就像在太平洋战争时发生的事情一
样，水户藩内很多寺庙的大钟、金佛、铜佛都因用于铸造
大炮而被彻底破坏。

婚丧嫁娶方面，水户藩也强迫民众采用神道教的方
式。虽然没有付诸实施，但是齐昭甚至似乎计划废除寺庙
的身份证明制度，改换成神社的宗人制度。

这一系列激进的宗教政策，最终造成了人心惶惶的恶果。

天保十五年（1844）五月，水户藩的藩政改革突然中断了，那是因为齐昭下台了。突然之间，齐昭遭到了幕府的处分，被迫隐退并遭到了幽禁。其主要罪状是"有谋反的嫌疑"。

具体而言，他谋反的嫌疑主要有以下几点：四处召集浪人、举行大规模的军事演习、毁弃寺庙，等等。

虽然并不能确定，但齐昭倒台和门阀派的反攻可能有很大关系。齐昭的举措激怒了水户藩内的寺院势力，门阀派和他们联手计划秘密发动政变。齐昭在幕府最大的靠山是水野忠邦，齐昭下台和水野忠邦应该有很大关系。据说水野忠邦深受齐昭的影响，在幕府致力于幕政改革。不过水野忠邦在齐昭下台的前一年被免去了职务，门阀派是不会放过齐昭失去庇护人这个千载难逢的好机会的。

就这样，齐昭的改革以失败而告终。

不过，水户藩的天保改革属于藩主主导型的大规模改革，对其评价暂且不论，如果改革能够实行到最后的话，笔者认为一定会给水户藩带来莫大的变化。所以从这个意义上来讲，这次改革半途而废，着实令人感到十分遗憾。

下面，我们看一下水户藩后来发生的事情。

德川幕府与御三家

令人惊讶的是，不久后水户藩内部就掀起了为齐昭洗刷冤屈的运动。以乡村武士为首的大量农民离开水户前往江户，他们越级上诉到幕府，请求幕府免去对齐昭的处罚。迄今为止，在水户藩，还没有哪一任藩主如此受到民众的爱戴。

然而，如果换个视角审视一下该事件，我们还能看到另外不同的一面。

那就是幕府已经渐渐失去其权力。在江户时代初期，农民集体拥向江户，要求幕府撤回成命的事情是断然难以想象的。在佩里的舰队来到日本之前，幕府已经表现出衰落的征兆，想来令人感到其中意味深长。

此后，齐昭的罪行得到豁免，他重新登上了政坛。老中阿部正弘属于改革派，他任用齐昭参与幕府政治。但是，齐昭不久就因为奉行过激的攘夷思想而被疏远。阿部正弘去世之后，齐昭就被当成了幕府的绊脚石。众所周知，在井伊直弼策划的安政大狱事件中，齐昭再次遭到幽禁，从此便从历史的舞台上消失了。

巨星齐昭死后，改革派失去了势力，门阀派重新上台。在两大派别激烈的争夺中，水户藩几乎陷入了分崩离析的状态。结果，在幕府末期的社会动荡中，水户藩就这样迎来了明治维新。

◎德川将军、御三家年表

庆长八年（1603）	德川家康成为征夷大将军，开设江户幕府
庆长十年（1605）	德川秀忠任第二代将军
庆长十二年（1607）	家康第九子德川义直任尾张藩第一代藩主
庆长十四年（1609）	家康第十一子德川赖房任水户藩第一代藩主
元和元年（1615）	大坂夏之阵战役爆发，丰臣氏灭亡
元和二年（1616）	家康去世
元和五年（1619）	家康第十子德川赖宣任纪州德川家第一代藩主
元和九年（1623）	德川家光任第三代将军
宽永十四年（1637）	岛原之乱爆发
宽永十六年（1639）	禁止葡萄牙船只到来
庆安四年（1651）	由比正雪之乱爆发 德川家纲任第四代将军
宽文元年（1661）	水户光圀任第二代水户藩藩主
延宝八年（1680）	德川纲吉任第五代将军
贞享二年（1685）	颁布"生灵怜悯令"
元禄三年（1690）	水户光圀突然从藩主之位隐退
宝永六年（1709）	德川家宣任第六代将军
正德三年（1713）	德川家继任第七代将军

享保元年（1716）	纪州藩藩主德川吉宗任第八代将军
享保十五年（1730）	德川宗春任第七代尾张藩藩主
元文四年（1739）	将军吉宗下令幽禁德川宗春
延享二年（1745）	德川家重任第九代将军
宝历十年（1760）	德川家治任第十代将军
宝历十一年（1761）	德川宗睦任第九代尾张藩藩主
安永元年（1772）	田沼意次任"老中"职
天明七年（1787）	德川家齐任第十一代将军
文政十二年（1829）	德川齐昭任第九代水户藩藩主
天保八年（1837）	大盐平八郎之乱爆发 德川家庆任第十二代将军
天保十五年（1844）	幕府命德川齐昭隐退并幽闭之
嘉永六年（1853）	美国东印度舰队司令长官佩里率舰队抵达浦贺港 德川家定任第十三代将军
安政元年（1854）	日美签订《日美亲善条约》
安政五年（1858）	德川家茂任第十四代将军 德川茂承任第十四代（末代）纪州藩藩主 井伊直弼任"大老"职
安政七年（1860）	樱田门外之变爆发
庆应二年（1866）	德川庆喜任第十五代将军
庆应三年（1867）	大政奉还，江户幕府灭亡
明治元年（1868）	德川昭武任第十一代（末代）水户藩藩主
明治八年（1875）	德川庆胜任第十七代（末代）尾张藩藩主

　　值此文库本出版之际，本书是在《德川御三家的野心》（『德川御三家の野望』，2000 年，光人社出版）的基础之上修订而成的。本次修订，对原书名也做了修改。

图书在版编目（CIP）数据

德川幕府与御三家：三百年的野心与权术／（日）
河合敦著；常晓宏，胡毅美译． -- 北京：社会科学文
献出版社，2020.6
　　ISBN 978 - 7 - 5201 - 6403 - 0

　　Ⅰ.①德…　Ⅱ.①河…②常…③胡…　Ⅲ.①日本 -
中世纪史 - 江户时代　Ⅳ.①K313.36

　　中国版本图书馆 CIP 数据核字（2020）第 045550 号

德川幕府与御三家
——三百年的野心与权术

著　　者／[日]河合敦
译　　者／常晓宏　胡毅美

出 版 人／谢寿光
组稿编辑／董风云　沈　艺
责任编辑／沈　艺　成　琳

出　　版／社会科学文献出版社·甲骨文工作室（分社）59366527
　　　　　地址：北京市北三环中路甲 29 号院华龙大厦　邮编：100029
　　　　　网址：www.ssap.com.cn
发　　行／市场营销中心（010）59367081　59367083
印　　装／三河市东方印刷有限公司

规　　格／开　本：889mm × 1194mm　1/32
　　　　　印　张：6.5　字　数：117 千字
版　　次／2020 年 6 月第 1 版　2020 年 6 月第 1 次印刷
书　　号／ISBN 978 - 7 - 5201 - 6403 - 0
著作权合同
登 记 号／图字 01 - 2019 - 2682 号
定　　价／49.00 元